Das ultimative DAYTRADING FÜR EINSTEIGER Handbuch

Wie Sie mit den Trading-Strategien der Supererfolgreichen in kürzester Zeit zum Profi-Trader an der Börse werden und absolut treffsicher traden

INHALT

1 Einleitung

Daytrading ist mindestens so alt, wie es den Handel mit Aktien, Rohstoffen usw. an Börsen bzw. Kapitalmärkten gibt. Allerdings hat sich im Laufe der Jahre und insbesondere mit Beginn des technischen Fortschritts das Daytrading stark verändert. War Daytrading früher eher den Reichen und Wohlhabenden vorbehalten, die mit einem kurzfristigen materiellen Einsatz ihr Vermögen vergrößern konnten, kann Daytrading heute von jedermann genutzt werden. Durch die Entwicklung des Computers und der immer rasanter werdenden elektronischen Datenverarbeitung kann heute grundsätzlich jeder Mann/jede Frau dieser Form des Handels an Börsen und Kapitalmärkten nachgehen. Somit wird eine These in die Praxis umgesetzt, die von dem berühmten amerikanischen Finanzier und Börsenspekulant Bernhard Baruch (*19.08.1870, †20.06.1965) bereits Anfang des letzten Jahrhunderts aufgestellt wurde:

Zitat

„Es gibt tausend Möglichkeiten, Vermögen loszuwerden, aber lediglich zwei, es zu erwerben: Entweder arbeitet man für Geld – oder das Geld arbeitet für einen."

Dabei ist Geld bekanntlich nicht alles im Leben und ob alle Reichen wirklich glücklich sind, sei dahingestellt. Doch Vermögen bietet Möglichkeiten, die ohne nicht möglich wären.

Obwohl heutzutage mit einem einfachen Computer und einem Internetanschluss ein Börsenhandel abgewickelt werden kann, ist dieses Buch nicht als „Betriebsanleitung" für ein schnell erwirtschaftetes Vermögen zu verstehen. Daytrading ist kein Spiel, sondern vielmehr harte Arbeit, die Sie erlernen und beherrschen müssen. Neben einer sehr ausgeprägten Disziplin und einer starken Motivation ist für einen stetigen Erfolg das entsprechende Fachwissen nötig. Aber auch physisch und psychisch werden Sie als Daytrader gefordert, denn ständig sollen richtige Entscheidungen getroffen bzw. Fehlentscheidungen eingesteckt werden. Das führt zu einer sehr starken physischen und psychischen Belastung eines Daytraders.

Die Hinweise und Darstellungen in diesem Buch sollen Ihnen viel Wissenswertes vermitteln. Dazu zählen u. a. ...

... die Grundlagen und der Aufbau einer Börse.

... die Fachbegriffe an einer Börse.

... eine Aufstellung unterschiedlicher Finanzprodukte.

... die Nutzung von Strategien und Analysen.

... das tägliche Handling eines Daytraders.

... die (auch vorhandenen) Risiken beim Daytrading.

Hinweis:
In einigen Kapiteln finden Sie Fachausdrücke, die fett, kursiv und in einem größeren Schriftbild hinterlegt sind. Erklärungen dazu finden Sie im Börsenlexikon am Ende des Buches.

1.1 WAS BEDEUTET DAYTRADING?

Daytrading bedeutet übersetzt nichts anderes als > täglicher Handel < bzw. > Tageshandel <. Dabei werden innerhalb eines Tages, manchmal sogar in weitaus kürzeren Zeiträumen (Stunden, Minuten oder Sekunden), Börsengeschäfte von Finanzwerten eröffnet und, möglichst mit Gewinn, wieder beendet. Der Anleger, der innerhalb dieser kurzen Zeitabstände mit Finanzwerten handelt, wird als Daytrader bezeichnet.

Dieser kurzzeitige Handel erklärt den entscheidenden Unterschied zum „normalen" Börsenhandel, bei dem über eine längerfristige Anlage ein höherer Gewinn erzielt werden soll.

Aufgrund der Kurzfristigkeit der Anlage fallen beim Daytrading die Kursgewinne (eventuell auch Kursverluste) im Regelfall geringer aus als bei einer Langzeitanlage. Um aber überhaupt Kursgewinne zu erzielen, muss daher das

Risiko des Handels entsprechend erhöht werden. So sind äußerst beliebte Finanzprodukte für Daytrader u. a. ***Forex*** oder ***CFDs*** (siehe hierzu Kapitel 2.3.1/Absatz 3).

Es ist also selbsterklärend, dass Sie als Daytrader, wie bereits in der Einleitung beschrieben, eine hohe Erfahrung aufweisen sollten, damit Sie die Risiken eines Handels genau abschätzen können.

Warnung!
Daytrading ist eine Anlageform, die nur für „Profis" geeignet ist. Unerfahrene Daytrader können sehr schnell hohe Verluste einfahren!

<u>Beispiel Langzeitanleger zu Daytrader</u>
Sie erwerben eine Aktie im Wert von 200,00 € und wollen diese für zehn Tage anlegen. Sie steigt täglich um 3 % und Sie erzielen somit als Langzeitanleger innerhalb der Zeiteinheit von 10 Tagen eine gute Wertsteigerung (60,95 €). Doch wie würde die Bilanz aussehen, wenn diese Aktie pro Tag -3 % verliert? Ihr Verlust würde nach 10 Tagen -47,95 € betragen.

Als Daytrader würde bei einer Tagesanlage der Gewinn zwar nur 6,00 € ausmachen, aber der Verlust eben auch nur 6,00 €. Da Sie als Daytrader pro Tag mit mehreren Anlagen traden, würde sich dieser Verlust vermutlich durch Gewinne um ein Vielfaches wieder ausgleichen.

Beispiel 10 Tages-Verlauf in Tabellenform

Tag	Steigerung	Wert	Verlust	Wert
1	+ 3 %	200,00 €	- 3 %	200,00 €
2	+ 3 %	206,00 €	- 3 %	194,00 €
3	+ 3 %	212,18 €	- 3 %	188,18 €
4	+ 3 %	218,55 €	- 3 %	182,53 €
5	+ 3 %	225,10 €	- 3 %	177,06 €
6	+ 3 %	231,85 €	- 3 %	171,75 €
7	+ 3 %	238,81 €	- 3 %	166,59 €
8	+ 3 %	245,97 €	- 3 %	161,60 €
9	+ 3 %	253,35 €	- 3 %	156,75 €
10		**260,95 €**		**152,05 €**

1.2 WARUM DAYTRADER?

Als Daytrader aktiv zu sein und ggf. sein Auskommen zu verdienen, bietet eine Vielzahl von Vorteilen, die allerdings alle in einer persönlichen Abhängigkeit Ihrer Ziele und Wünsche stehen, z. B.:

➢ **Welche <u>Ziele</u> haben Sie sich gesteckt?**
Die <u>Ziele</u> könnten vielleicht sein:

- Eine finanzielle Freiheit anstreben!
- Einen hohen Verdienst erlangen!
- Vorteile bei steuerlichen Abgaben ausnutzen!
- Eine ausreichende Altersvorsorge aufbauen!

➢ **Welche <u>Wünsche</u> verbinden Sie mit dieser Tätigkeit?**
Die <u>Wünsche</u> könnten vielleicht sein:

- Mit einer freien Zeiteinteilung arbeiten!
- Über eine ortsunabhängige Flexibilität verfügen!
- Endlich eigenverantwortlich arbeiten!

> **<u>Besonderer Hinweis!</u>**
> **Um an einer Börse handeln zu können, ganz gleich, ob als Daytrader oder klassischer Langzeittrader, müssen Sie einen Vermittler, den sogenannten Broker, oder alternativ eine auf den Börsenhandel spezialisierte Bank zwischenschalten (Dazu später weitere Informationen).**

1.2.1 Daytrader als Beruf ausüben

Je mehr Ziele bzw. je mehr Wünsche Sie in der Ausübung als Daytrader entdecken, desto größer ist die Neigung, dies als festen Beruf auszuüben. Verfallen Sie aber nicht in den Irrglauben, dass eine gute Ausbildung oder eine bisher erfolgreiche berufliche Laufbahn Eins-zu-eins umsetzbar auf die Tätigkeit eines Daytraders sind. Alle erlernten Kenntnisse müssen Sie, wie bereits erwähnt, de facto „über den Haufen" werfen. Wenn Sie hauptberuflich als Daytrader an der Börse handeln wollen, müssen Sie sich auf völlig neue Regeln einlassen.

Vermutlich haben Sie in Ihrem erlernten Beruf viele Erfahrungen gesammelt, die man nicht aus der Theorie von Lehrbüchern aufnehmen kann. So verhält es sich auch mit dem Beruf als Daytrader. Langjährig aktive Daytrader berichten immer wieder, dass alles theoretisch erlernte Wissen lediglich die Basis für ihre Arbeit ist. Richtig gelernt haben sie mit der Zeit, in der sie die Erfahrungen aus der praktischen Arbeit, gleich, ob positiv oder negativ, gesammelt haben. Dies benötigt selbstverständlich Ausdauer und vor allem Zeit. Begehen Sie also nicht den Fehler in einer sprichwörtlichen „Hau-Ruck-Manier", die Welt der Börse und die Tätigkeit als Daytrader zu erobern.

Tipp!
Starten Sie klein, behutsam und am Anfang mit wenig Kapital.

Warum aber mit wenig Kapital starten? Schließlich wollen Sie als Daytrader doch auch Geld verdienen. Leider überschätzen Neueinsteiger die Risiken, die nun einmal mit dem Handel an einer Börse bestehen. Auch wenn Sie es jetzt vielleicht demotivierend auffassen:

Die meisten Neueinsteiger, die mit Daytrading das schnelle Geld verdienen wollen, verlieren ihr komplettes Kapital!

Diese Erfahrung müssen Sie nicht erleben! Deshalb sollten Sie als Einsteiger in die Welt des Tradens mit wenig Kapital starten, dabei Erfahrungen sammeln, sukzessiv Ihr verfügbares Kapital erhöhen und Ihr Vermögen langsam, aber stetig aufbauen. Dafür stehen Ihnen eine Vielzahl von praktischen Hilfsmitteln zur Verfügung, die in den nachfolgenden Kapiteln detailliert beschrieben werden.

1.3 KANN EIN DAYTRADER DIREKT HANDELN?

Diese Frage lässt zwei Antworten zu. Einerseits ein klares „Nein", andererseits ein ebenso klares „Ja". Das klingt erst einmal sehr verwirrend, lässt sich aber sehr einfach erklären.

An einer Börse direkt handeln dürfen nur zugelassene Aktienhändler, auch als Broker bezeichnet, die im Auftrag Ihrer Kunden den Handel mit Finanzprodukten durchführen. Als Alternative zu den Brokern treten auch Banken oder Finanzunternehmen, die ebenfalls eine Zulassung besitzen, als Händler auf. Sie selbst, als Daytrader, können dies nicht eigenständig durchführen. Folglich lautet die Antwort auf die Frage, ob Sie als Daytrader direkt handeln können, eindeutig „Nein“.

Sie selbst können aber eben diesen zugelassenen Brokern bzw. Banken oder Finanzunternehmen Aufträge erteilen, um in Ihrem Namen einen Handelsvorgang durchzuführen. Folglich lautet die Antwort auf die Frage, ob Sie direkt handeln können, aus dieser Sichtweise heraus eindeutig „Ja“. Eine Einschränkung gibt es allerdings: Sie müssen, um Handelsaufträge erteilen zu können, voll geschäftsfähig sein, d. h., Sie müssen die Volljährigkeit erlangt haben (in der BRD mindestens 18 Jahre).

1.3.1 Die Auswahl des richtigen Brokers/Finanzunternehmens

Den richtigen, für Sie passenden, Broker zu finden, ist gerade für Neueinsteiger nicht einfach. Prüfen Sie daher vor einer geschäftlichen Partnerschaft sehr gründlich z. B. folgende Fragen:

- Fallen bei Auszahlungen bei dem Broker Ihrer Wahl Gebühren an?

Wenn Ja: Vergleichen Sie diese mit anderen Brokern. Schlussendlich schmälern alle anfallenden Gebühren Ihren Gewinn.

- Fallen beim Broker Ihrer Wahl für die Bereitstellung Ihres Depots Grundgebühren an? Wenn Ja: Wägen Sie eine Zusammenarbeit gut ab. Normalerweise werden derartige Gebühren im Online-Handel bei Brokern nicht erhoben, bei Finanzunternehmen allerdings schon. Hier lohnt sich auf jeden Fall ein Vergleich zwischen den Unternehmen.

- Zahlt der Broker Ihrer Wahl für Finanzbestände in Ihrem ***Depot*** marktübliche Zinsen? Wenn Nein: Lassen Sie besser die Finger von einer Zusammenarbeit. Hier arbeitet das Geld nicht für Sie, sondern für Ihren Verwalter.

- Wie schnell reagiert ein Broker Ihrer Wahl auf eingehende Aufträge?

➢ Ist eine sogenannte **> *Real Time Abfrage* <**, eine Beobachtung ohne Zeitverzögerung, für Kurse möglich? Manche Kursentwicklungen entscheiden in wenigen Minuten, teilweise sogar Sekunden, über Gewinne oder Verluste.

➢ Welche Handelszeiten bietet der Broker Ihrer Wahl an? Üblich ist eine Zeitspanne zwischen 09:00 und 20:00 Uhr, was den üblichen Handelszeiten der Börsen entspricht. Als sehr gut können Broker bzw. Finanzunternehmen bewertet werden, die ihren Online-Service über den Börsenschluss hinaus und vor allem an Wochenenden anbieten. In dieser Zeit ist allerdings kein Handel möglich, lediglich Informationen, ***Charts*** und ***Trends*** sind abrufbar.

Besonders wichtig: Werden Handelszeiten nicht für das Wochenende angeboten, sollte aber sichergestellt sein, dass alle Handelsvorgänge automatisch geschlossen werden. Ansonsten könnten hohe Verluste entstehen.

➢ Bietet der Broker Ihrer Wahl Apps an, die Aktivitäten von unterwegs, also von mobilen Endgeräten, möglich machen?

Sehr empfehlenswert ist für den Einstieg als Daytrader die Begleitung durch einen erfahrenen Coach und ein Angebot von Lehr- und Bildungsprogrammen.

Insbesondere an einen spezialisierten Daytrading-Broker gelten aufgrund der kurzfristigen Handelsstrategien noch weitere, spezifische Anforderungen. Zu den wichtigsten zählen dabei u. a.:

➢ Es müssen lebhafte, also handelskräftige Märkte zur Auswahl stehen.

➢ Das Handeln in äußerst kurzen Zeiteinheiten muss gewährleistet sein.

➢ Eine Vielzahl von Trading Strategien müssen angeboten und umgesetzt werden

Wichtig!
Vergleichen Sie in regelmäßigen Abständen die Leistungen bzw. die Qualität Ihres Brokers bzw. Ihres Finanzunternehmens mit anderen Anbietern am Markt.

1.4 VORAUSSETZUNGEN FÜR EIN DAYTRADING

Um in das Daytrading einzusteigen, bedarf es neben dem theoretischen Wissen, das Sie sich bereits im Vorfeld aneignen können, besser gesagt müssen, nur wenige Voraussetzungen.

<u>Voraussetzung 1</u> (Vorabinformation)
Informieren Sie sich im Vorfeld Ihrer Daytrading-Aktivität ausreichend über...

... die Handelsabläufe an einer Börse.

... die theoretischen Grundlagen einer Börse.

... die Prinzipien der Märkte.

... die Produkte, die an Börsen gehandelt werden.

<u>Voraussetzung 2</u> (Startkapital)
Legen Sie Ihr Startkapital im Vorfeld fest. Als Minimum sollte dafür ein Betrag zwischen 100,00 € und 500,00 € angesetzt werden. Damit lässt sich bei einigen Brokern bereits auf sogenannten Mikrokonten mit den kleinsten Positionsgrößen handeln. Mit dieser Höhe Ihres Startkapitals lässt sich das Handeln auch am besten üben, da ein möglicher Verlust zwangsläufig niedrig ausfällt. Verfügen Sie aber über ein höheres Startkapital, lässt sich neben einer Übungsphase durchaus schon mal die eine oder andere größere Transaktion starten.

> **Warnung!**
> **Beim Daytrading besteht immer die Gefahr eines finanziellen Totalverlustes. Sie sollten deshalb nur mit dem Geld handeln, das Sie auch wirklich zur Verfügung haben. Ist das nicht der Fall und Sie haben extra für Ihr geplantes Daytrading Geld aufgenommen, also Schulden gemacht, sollten Sie Ihre Ambitionen für das Daytrading gar nicht erst aufnehmen.**

<u>Voraussetzung 3</u> (Technische Ausstattung)
Sie benötigen als Daytrader auch das technische Equipment. Dazu müssen Sie sich aber nicht mit der neuesten Computertechnik ausstatten, denn das wären schließlich Kosten, die Sie in Vorleistung aufbringen müssen. Jeder aktuelle

Computer bzw. jedes aktuelle Notebook ist ausreichend, soweit er bzw. es mit mehr als 512 MB Arbeitsspeicher, einer ordentlichen Tastatur, mit einer Maus ausgestattet ist und über einen Internet-Zugang verfügt. Wichtig ist allerdings ein großer Monitor mit einer hohen Bildschirmauflösung. Empfehlenswert wäre auch die Nutzung von mehreren Bildschirmen. Dadurch können Sie während Ihrer Arbeit als Daytrader Kursverläufe besser beobachten, auf besondere Ereignisse schnellstens reagieren und gleichzeitig an mehreren Märkten traden. Letzteres aber erst dann, wenn Sie auch über entsprechende Kenntnisse verfügen.

Auch mobile Geräte, wie Android bzw. IOS Smartphones oder Tablets, sind mit der entsprechenden Software für das Trading geeignet.

Voraussetzung 4 (Betriebssystem)
Als Betriebssystem eignet sich die jeweils aktuelle Windows-Version ab Windows Vista. Für einige wenige Handelsplattformen wird allerdings OS X bzw. Linux gefordert.

Voraussetzung 5 (Auswahl eines Brokers)
Siehe hierzu die Informationen aus Kapitel 1.3.1.

Voraussetzung 6 (Trading-Software)
Mit der Auswahl des passenden Brokers müssen Sie die entsprechende Trading-Software installieren. Diese Software ist zukünftig nicht nur die Schnittstelle zwischen Ihnen und dem Broker, sondern das Medium, mit dem Sie Finanzprodukte kaufen bzw. verkaufen. Die Trading-Software bietet daneben noch eine Vielzahl von zusätzlichen Informationen, z. B.

- aktuelle Aktienkurse
- eine Auflistung aller durchgeführten Transaktionen (offen oder bereits abgeschlossen)
- eine Aufstellung über vergangene Gewinne bzw. Verluste
- grafische Werkzeuge zur Erstellung von Prognosen bzw. Analysen

<u>Voraussetzung 7</u> (Handelskonto)
Eröffnen Sie jetzt über die Trading-Software bei Ihrem Broker ein Handelskonto. Sie werden dabei Schritt für Schritt durch das Menü geführt. Zwei Möglichkeiten zur Eröffnung eines Handelskontos stehen Ihnen zur Verfügung:

- Das Mikrokonto (siehe Voraussetzung 2)

Als kompetenter Broker für den Handel mit geringem Kapital ist > Plus 500 < zu empfehlen. Mit diesem Broker können Sie in der gesamten Bandbreite des Börsenhandels von CFDs über Aktien, Devisen und Rohstoffe bis hin zu Kryptowährungen handeln. Die Trading-Software ist einfach zu bedienen und daher für kleine Transaktionen außerhalb von Übungen bestens geeignet. Die Mindesteinzahlung für das Konto beträgt 100,00 €. Selbstverständlich können Sie bei Plus 500 auch ein reguläres Handelskonto einrichten.

- Das reguläre Handelskonto

Hierbei können Sie Ihr Kapital individuell ausgerichtet auf die Finanzprodukte, mit denen Sie handeln wollen, einzahlen.

Wichtig!
Bei den meisten Brokern steht Ihnen zu Übungszwecken für eine kurze Zeit ein kostenloses Demokonto zur Verfügung. Einige bieten auch entsprechende Videoschulungen an.

Nach diesen einzelnen Schritten zur Einrichtung eines Handelskontos und der Voraussetzung, dass Sie sich für den Handel fit fühlen, können Sie jetzt als Daytrader starten.

1.5 AUSWAHL DAYTRADING-BROKER

Natürlich gibt es eine Vielzahl von Brokern doch nicht alle unterstützen umfassend auch das Daytrading, da hierfür eine Vielzahl von technischen Unterstützungen bereitgestellt werden muss, die eben nicht jeder Broker gewährleisten will. Nachfolgend aber eine kleine Auswahl von Brokern, die sich entweder komplett auf dieses Geschäftsfeld ausgerichtet haben oder mindestens eine gute Performance zu dieser Art des Börsenhandels abliefern.

1. Lynx

Seit dem Jahr 2006 ist der Online-Broker Lynx am Börsenhandel aktiv und zählt mittlerweile zu den führenden Anbietern für das Daytrading in Deutschland.

Anfallende Gebühren pro Order
➢ Aktien = 0,14 % vom Volumen
➢ Optionen oder Futures = zwischen 1,50 €-2,00 €
Depotführung
➢ Kostenlos
➢ Alle wichtigen Finanzprodukte/Wertpapiere zum Traden in einem gemeinsamen Depot verfügbar
Besondere Highlights für ein erfolgreiches Trading
➢ Ständig aktualisierte, neueste Technologie/Software
➢ Optimale Trading-Plattform inkl. Tools für unterschiedliche Analysen
➢ Ständig auf dem modernsten Stand verfügbare Broker-App
➢ Handelsplätze weltweit können bedient werden
➢ Persönlicher Trader-Service
➢ Ständig die neuesten News von allen Finanzmärkten der Welt
➢ Eine Vielzahl von Online-Schulungen verfügbar
➢ Realtime-Kurse und Prognosen der besten Finanzprodukte stehen kostenlos zur Verfügung

Internet: https://www.lynxbroker.de

2. Cap Trader

CAP TRADER

> Cap Trader < ist das deutsche Tochterunternehmen von Interactive Brokers Canada Inc. Der Online-Broker Cap Trader handelt in über 30 Ländern der Welt an mehr als 130 Börsen. Hauptsächlich werden CFDs und ***Forex*** gehandelt. Diese weltweiten Möglichkeiten eines Handels sind für Daytrader äußerst interessant. Zusätzlich bietet Cap Trader seinen Kunden preisgekrönte Plattformen und hochentwickelte Softwarepakete an. Auch der Handel über mobile Endgeräte (Tablet, Smartphone usw.) ist möglich.

Nachteilig für Daytrader ist die einmalige Kontoauszahlung pro Monat. Für Daytrader mit einer geringen Kapitaldecke kann dies zu finanziellen Problemen führen.

Anfallende Gebühren pro Order
➢ Aktien = Ab 0,10 % je Börsenstandort
➢ Optionen oder Futures = Ab 1,00 € je Börsenstandort
Depotführung
➢ Kostenlos
➢ Alle wichtigen Finanzprodukte/Wertpapiere zum Traden in einem gemeinsamen Depot verfügbar
Besondere Highlights für ein erfolgreiches Trading
➢ Ständig aktualisierte, neueste Technologie/Software
➢ Preisgekrönte Trading Plattformen
➢ Mehr als 130 Handelsplätze weltweit
➢ Zugang zu Terminbörsen
➢ Ständig die neuesten News von allen Finanzmärkten der Welt

➢ Eine Vielzahl von Online-Schulungen verfügbar
Nachteile
➢ Pro Handelsplatz ein separates Konto, dadurch unterschiedliche Kontowährungen
➢ Gebührenpflichtige Konto-Auszahlungen
➢ Auszahlungen nur 1 x pro Monat

Internet: https://www.captrader.com

3. fxFlat

Die Werthandelsbank fxFlat ist ein Unternehmen mit Sitz in Ratingen/Düsseldorf und gehört zu den ältesten Brokern in Deutschland. Auch fxFlat ist weltweit an 135 Handelsplätzen aktiv und neben CFDs und Forex können auch ETFs und Aktien gehandelt werden.

Ein kleines Problem liegt in der teilweisen leichten Verzögerung zwischen der Festsetzung vorgegebener Limits und deren Orderausführung. Diese Situation, auch als ***Slippage*** bezeichnet, muss von Ihnen im Daytrading einkalkuliert werden.

Anfallende Gebühren pro Order
➢ Aktien und CFDs = Ab 0,10 %
➢ Optionen, Futures, Indizes, Rohstoffe usw. = gebührenfrei
Depotführung
➢ Kostenlos
➢ Alle wichtigen Finanzprodukte/Wertpapiere zum Traden in einem gemeinsamen Depot verfügbar

Besondere Highlights für ein erfolgreiches Trading
➢ Ständig aktualisierte, neueste Technologie/Software
➢ 135 Handelsplätze weltweit
➢ Persönlicher Trader-Service
➢ Zugang zu Terminbörsen
➢ Webseminare für das Traden und verschiedene Handelsplattformen
Nachteile
➢ Keine Einlagensicherung

Internet: https://www.fxflat.com

4. flatex

Flatex wurde im Jahr 2006 gegründet und ist damit ein jüngeres Unternehmen bei den Anbietern im Online-Trading. Anfänger im Daytrading sind bei flatex bestens aufgehoben, da das Leistungsangebot, trotz lediglich 38 Handelsplätzen, verständlich aufgebaut ist.

Anfallende Gebühren pro Order
➢ Aktien = kostenlos
➢ Optionen, Futures, Indizes, Rohstoffe usw. = kostenlos
➢ Flatrate möglich
Depotführung
➢ 0,10 % pro Jahr
➢ Automatischer Abzug der Abgeltungssteuer
Besondere Highlights für ein erfolgreiches Trading
➢ Sechs Monate zum Festpreis (z. Zt. 2,00 €) handeln

➢ Web-Seminare
Nachteile
➢ Kein Handel am Wochenende
➢ Nur 38 Handelsplätze

Internet: https://www.flatex.de

1.6 AUSWAHL VON HANDELSPLATTFORMEN

Neben der Auswahl des geeigneten Brokers ist auch die Wahl der Handelsplattform für ein erfolgreiches Daytrading mehr als wichtig. Die Handelsplattform ist schließlich die Verbindung von Daytrader über Broker zum Handelsplatz. Oder anderweitig formuliert:

Ohne eine geeignete Handelsplattform ist ein Daytrading nicht möglich!

Heutzutage müssen Plattformen aber mehr anbieten als lediglich Kursanzeigen und Orderübermittlungen. Mittlerweile gehören zum Standard-Portfolio einer Handelsplattform nicht nur Chart- und Analysetools, sondern auch spezialisierte Funktionen, wie z. B. ein eingebundenes News-Tool und automatisierte Trading-Systeme, etwa für den Options- oder Terminhandel. Schlussendlich steht über allem die Geschwindigkeit, insbesondere beim Daytrading. Während vor einigen Jahren ein Handel noch im Sekundentakt erfolgen konnte, sind heute Millisekunden, teilweise bereits Mikrosekunden, notwendig, um als Daytrader Erfolg im Handel mit Finanzprodukten zu haben. Auch auf die technische Entwicklung der Endgeräte müssen sich Handelsplattform permanent anpassen. War früher die klassische Eingabestation eines Daytraders der heimische PC, kommen heute ergänzend die mobilen Endgeräte zum Einsatz.

Daytrading ist heutzutage nicht mehr ausschließlich auf die eigenen vier Wände beschränkt!

Handelsplattformen unterscheiden sich heute in drei Varianten, die sich aber in der jeweiligen Funktionsweise unterscheiden.

- Desktop-Handelsplattformen mit Download

* Funktionsumfang = groß, Leistungsumfang = groß *

- Browserbasierte Handelsplattformen

* Funktionsumfang = mittelgroß, Leistungsumfang = steigend *

- Mobile Handelsplattformen

* Funktionsumfang = klein, Leistungsumfang = steigend *

Die bekannteste Plattform, die in drei Varianten genutzt werden kann, ist > MetaTrader <.

Tipp!
Sie können für Ihr Daytrading alle drei Varianten gleichzeitig nutzen. So können Sie z. B. Chartanalysen usw. zuhause am Desktop durchführen und auf Ihre Handelsaktivitäten von den mobilen Geräten zugreifen.

1.6.1 Die Auswahl der richtigen Handelsplattform

Neben der richtigen Auswahl des Brokers müssen Sie auch die richtige Auswahl Ihrer Handelsplattform treffen. Dies ist insbesondere für Anfänger nicht ganz einfach, da hier ...

... noch keine Kenntnisse über die gesamtheitliche Funktionsweise einer Handelsplattform vorliegen.

... nicht jeder ausgewählte Broker auch jede Handelsplattform in seinem Portfolio anbietet.

Trotzdem gibt es, analog zur Auswahl des richtigen Brokers, einige Kriterien, die eine Handelsplattform eigentlich erfüllen sollte. Dazu gehören u. a.:

- Eine kostenlose Testphase, idealerweise länger als 23 Tage (1 Monat).
- Vorhandene Realtime-Abfrage.
- Tools für unterschiedlich Charts-Varianten.
- Tools für schnelle Kurs-Analyse und Strategien.

- Zugang zu den von Ihnen zukünftig genutzten Börsen.
- Eingebundene News-Funktion vorhanden.
- Automatisiertes Traden muss möglich sein.
- Kurze Reaktionszeiten.
- Sicherheitsverfahren für ein störungsfreies Handling.
- Niedrige Gebühren für die Nutzung der Plattform.
- Zugang zu allen gewünschten Märkten muss gewährleistet sein.

Wichtig!
Eine gut ausgewählte Handelsplattform ersetzt keinen schlecht ausgewählten Broker!

Tipp!
Sollte die von Ihnen ausgewählte Handelsplattform nicht alle Märkte abdecken, auf denen Sie traden wollen, begehen Sie nicht den Fehler, eine zweite Handelsplattform zu nutzen. Verzichten Sie lieber auf eine weitere Plattform. Gerade als unerfahrener Einsteiger im Daytrading ist es wichtig, sich konzentriert mit den Trades zu beschäftigen und dabei ausreichend Erfahrungen zu sammeln.

1.6.2 Die fünf bekanntesten Handelsplattformen

Nachfolgend werden Ihnen fünf Handelsplattformen vorgestellt, die für Sie als Daytrader bestens geeignet sind. Sollten Ihnen keine der vorgestellten Handelsplattformen zusagen, haben Sie die „Qual der Wahl". Es gibt noch eine Vielzahl weiterer Handelsplattformen. Diese allerdings alle vorzustellen, würde dieses Handbuch bei weitem sprengen.

1. MetaTrader

MetaTrader ist eine effektive und kräftige Plattform, spezialisiert auf den ***außerbörslichen Handel*** von Aktien und Devisen (Forex), kann aber auch für den börslichen Handel eingesetzt werden. Sie ist die zurzeit erfolgreichste Handelsplattform und kann bei nahezu allen Brokern kostenlos heruntergeladen werden. Mit MetaTrader können Sie Ihr Daytrading in mehreren Fenstern ausüben und gleichzeitig diverse Charts in unterschiedlichen Zeiteinheiten anzeigen lassen. Trotz dieser Vielzahl an Fenstern ist die Gesamtansicht der Oberfläche sehr übersichtlich und ihre Bedienung recht einfach. MetaTrader ist des Weiteren bekannt für seine Fülle an Daten, mit denen man Charts sehr weit (teilweise über Jahre) verfolgen kann. Dies wird für Sie als Daytrader allerdings nur bedingt von Interesse sein.

Ein weiteres Highlight von MetaTrader sind die unzähligen ***Indikatoren***, z. B. gleitende Durchschnitte **(siehe Kapitel 5.2.1)**, die Ihnen als Trader zur Verfügung gestellt werden. Die Besonderheit dabei ist, dass diese Indikatoren nicht nur aufgrund der Programmierung durch den Hersteller verfügbar sind. Auch jeder individuell von Tradern in der Programmiersprache von MetaTrader geschriebene Indikator ist wieder aufrufbar und steht Ihnen als Daytrader zur Verfügung. Alle verfügbaren Indikatoren werden ständig weiterentwickelt. Das hat im Laufe der Jahre dazu geführt, dass die MetaTrader mittlerweile über mehrere tausend Indikatoren verfügt.

MetaTrader ist zurzeit in folgenden aktuellen Versionen verfügbar:

- MT4 (außerbörslicher Handel), mit der Programmiersprache MQL4
- MT5 (börslicher Handel), mit der Programmiersprache MQL5

Installieren können Sie mit MetaTrader über Windows, Linux oder MacOS.

2. Ninja Trader

Hierbei handelt es sich um eine leistungsfähige Handelsplattform, programmiert als ***Open Source*** System, die in weiten Teilen dem MetaTrader 4 ähnelt. Der Unterschied liegt darin, das MetaTrader 4 auf den Forex-Handel spezialisiert ist, Ninja Trader dagegen auf Futures. Die Nutzung von Ninja Trader ist kostenlos.

Ninja Trader gilt als sehr leistungsfähige Handelsplattform, die viele unterschiedliche Funktionen anbietet, u. a.:

- Charts in unterschiedlichen Zeiteinheiten
- Anpassung von Apps anderer Handelsplattformen
- Umfassende Marktanalysen
- Sehr schnelle Auftragsausführung
- ***Backtesting*** unterschiedlicher Strategien und deren Umsetzung
- Simulationen von Handelssituationen

Die Nutzung von Ninja Trader ist in seinen Standardfunktionen kostenlos, bei allen anderen Funktionen werden sehr geringe Gebühren erhoben. Die Handelsplattform ist zurzeit in folgender Version verfügbar:

- Ninja Trader 8

Installieren können Sie mit Ninja Trader über Windows, Linux oder MacOS.

3. Agena Trader

Agena Trader erfüllt nahezu alle Bedürfnisse für das Trading, da sie komplette Lösungen für Analysen, Trading, Strategien und Charts anbietet. Weiterhin kann mit Agena Trader der Handel voll- oder teilautomatisiert durchgeführt werden. Weitere Funktionen sind u. a.:

- Gleichzeitiger Handel bei mehreren Brokern
- ***Drag & Drop***-Funktionen
- Realtime-Ansichten
- One Click Trading von mobilen Endgeräten möglich
- Mittlerweile 180 Indikatoren verfügbar
- ***Risk & Money***-Management

Die Nutzung von Agena Trader ist in der einfachen Version kostenlos, in den umfangreicheren Versionen dagegen kostenpflichtig. Es stehen insgesamt fünf Versionen zur Verfügung.

Version	**Kosten 1 Monat**	**Kosten 3 Monate**	**Kosten lebenslang**
Mercury	kostenlos	kostenlos	kostenlos
Neptune	49,00 €	139,00 €	890,00 €
Andromeda	89,00 €	239,00 €	1390,00 €
Galaxy	129,00 €	349,00 €	2790,00 €
Galaxy Pro	199,00 €	499,00 €	3990,00 €
Stand: 04. 2021			

Installieren können Sie Ninja Trader über Windows.

4. Guidants

Guidants ist eine Börsen-App, die mehr Komfort beim Traden über mobile Endgeräte bietet. Dem Trader stehen mehrere Tools zur Verfügung, die u. a. Analysen von Aktienverläufen, Aktienkurse und Charts in Echtzeit zur Verfügung stellen. Regelmäßig wird der Trader durch Börsennews und Tipps von Experten unterstützt.

Guidants gibt es in einer kostenlosen Basisversion. Weitere Tools werden als Zusatzleistungen kostenpflichtig angeboten. Des Weiteren können Sie kostenlos auf die sogenannten ***Social Tradings*** zugreifen. Hier können insbesondere Daytrader-Neulinge Transaktionen von Profis einsehen, nachvollziehen und ggf. für ihre eigenen Handelsaktivitäten einsetzen.

Nachfolgend die für den Download verfügbaren Versionen (Stand: 05.2021)

Guidants für Apple IOS	**Guidants für Android**
➢ Version: 4.10.28 ➢ Lizenz: Freeware ➢ Sprache: Deutsch ➢ Größe Datei: 91,68 MB	➢ Version: 7.8.23 ➢ Lizenz: Freeware ➢ Sprache: Deutsch ➢ Größe Datei: 36,00 MB
Stand: 06.2021	

5. TradeStation

Bei TradeStation handelt es sich um eine Desktop-Handelsplattform, die Geschwindigkeit und Flexibilität vorweist. Trader schätzen folgende Leistungen:

- Dynamische Scan-Tools für Märkte.
- Charts, die für alle Handelsaktivitäten angepasst werden können.
- Schnelle Ausführung eines Trades.
- Handel über eine vollautomatisch vorgeschlagene Strategie.
- Handel mit Kryptowährungen ist möglich.

Durch seine Komplexität ist TradeStation sehr gut für Daytrading-Einsteiger geeignet. Downloaden können Sie diese Handelsplattform direkt von der Homepage > *www. tradestation.com* <. Sie werden dabei menügeführt.

1.5 WAS KANN EIN DAYTRADER VERDIENEN?

Verlassen Sie sich niemals auf die blumige Werbung im Internet oder den Printmedien, die Ihnen suggerieren will, welche Gewinne man in kürzester Zeit durch Daytrading erzielen kann. Das trifft mit ziemlicher Sicherheit für Sie als Anfänger nicht zu. Rechnen Sie zu Beginn Ihrer Tätigkeit eher mit kleineren Gewinnen.

Doch wie lautet ein altes Sprichwort: **„Kleinvieh macht auch Mist!"**

Ersetzt man diese Aussage mit den Begriffen Kapital und Gewinn, könnte folgende These aufgestellt werden: **Der geringe Kapitaleinsatz führt auch zu einem Gewinn!**

Ihr Verdienst als Daytrader ist zwangsläufig abhängig von drei Komponenten und drei grundlegenden Regeln:

Komponenten

- Die Höhe Ihres eingesetzten Kapitals
- Ihre Bereitschaft, Risiken einzugehen
- Ihre Erfahrung

Regeln

- Für jeden einzelnen Handelsvorgang (Trade) setzen Sie maximal 1 % bis 3 % Ihres verfügbaren Kapitals ein.
- Bei einem Verlust in Höhe des eingesetzten Kapitals steigen Sie aus dem Trade aus.

Beispiel: Einsatz = 1,5 %, Verlust 1,5 % = **Aussteigen!**

- Bei einem Gewinn in doppelter Höhe Ihres eingesetzten Kapitals steigen Sie ebenfalls aus dem Trade aus.

Beispiel: Einsatz 1,5 % = Gewinn 3,0 % = **Aussteigen!**

Wenn Sie diese Komponenten und Regeln beachten, können Sie mit einem erträglichen monatlichen Einkommen rechnen.

Nachfolgend ein Beispiel über einen möglichen Tagesverdienst eines Daytrader-Anfängers. Berücksichtigung in diesem Beispiel findet ein Anteil von jeweils 50 % Verlust- und Gewinntrades und ein kontinuierlicher Einsatz von 1,5 % Ihres Kapitals pro Trade.

Tag	**Trade**	**Startkapital**	**Einsatz**	**Gewinn**	**Verlust**
Montag	**1**	10.000,00 €	150,00 €	+ 300,00 €	
Montag	**2**	10.300,00 €	154,50 €	+ 309,00 €	
Montag	**3**	10.609,00 €	159,00 €		-159,00 €

Montag	**4**	10.450,00 €	156,00 €	+ 312,00 €	
Montag	**5**	10.762,00 €	161,00 €		-161,00 €
Montag	**6**	10.601,00 €	159,00 €		-159,00 €
Montag	**7**	10.442,00 €	156,00 €	+ 312,00 €	
Montag	**8**	10.754,00 €	161,00 €	+ 322,00 €	
Montag	**9**	11.076,00 €	166,00 €		-166,00 €
Montag	**10**	10.910,00 €	163,00 €		-163,00 €
		10.747,00 €	**Kapitalstand nach 10 Trades**		

Das Ergebnis aus diesem Beispiel sieht wie folgt aus: Sie haben am Montag insgesamt 10 Trades durchgeführt, davon 5 Trades mit Verlust und 5 Trades mit Gewinn abgeschlossen. In der Summe hat sich Ihr Kapital dadurch von 10.000,00 € auf 10.747,00 € erhöht.

Sie haben am Montag einen **Tagesgewinn von 747,00 €** erzielt!

An diesem Beispiel können Sie sich vielleicht vorstellen, wie viel man pro Tag, pro Woche oder pro Monat als Daytrader verdienen könnte.

Wichtig!
Selbstverständlich sind Sie als Daytrader, wie jeder Arbeitnehmer bzw. Gewerbetreibende, steuerpflichtig. Hierzu weitere Informationen im folgenden Kapitel.

Besonderer Hinweis!
Um an einer Börse handeln zu können, gleich, ob als Daytrader oder klassischer Trader, müssen Sie einen Vermittler, den sogenannten Broker, oder alternativ eine auf den Börsenhandel spezialisierte Bank zwischenschalten (Dazu später weitere Informationen).

1.6 DAYTRADING UND DIE STEUER

Die nachfolgenden Informationen entsprechen dem aktuellen deutschen Steuerrecht und sind lediglich eine Auswahl von steuerlichen Möglichkeiten. Ihre persönliche steuerliche Situation sollten Sie vor Aufnahme Ihrer Tätigkeit als Daytrader bei einem Steuerberater erfragen und abklären.

Es empfiehlt sich aber grundsätzlich für die steuerliche Bearbeitung einen Steuerberater hinzuziehen.

Sicherlich kennen Sie folgende Ausgangslage: Sie befinden sich in einem festen sozialversicherungspflichtigen Arbeitsverhältnis und müssen von Ihrem Bruttoverdienst Steuern und Sozialversicherungen abführen. Auch für Gewerbetreibende und Selbstständige gilt die Pflicht, zumindest gesetzliche Steuern abzuführen. Das würde dann auch für Sie als Daytrader zutreffen!

1.6.1 Gewinne und steuerliche Belastung

Als Trader unterliegen Sie allerdings nicht der Einkommensteuer, sondern der Abgeltungssteuer (frühere Bezeichnung = Kapitalertragssteuer) und das hat mehrere entscheidende Vorteile bei der Versteuerung Ihrer Gewinne = Ihrem Verdienst.

1. Während der Steuersatz bei der Einkommenssteuer je nach Verdiensthöhe progressiv bis auf 45 % (Reichensteuer) steigen kann, ist der Spitzensteuersatz bei der Abgeltungssteuer auf höchstens 25 % vom Kapitalertrag (Gewinn) begrenzt. Dieser Steuersatz wird aber erst bei einer Einkommenshöhe von 70.000,00 € in voller Höhe angewendet. Zusätzlich zur Abgeltungssteuer fallen der Solidaritätszuschlag und ggf. die Kirchensteuer an.

Das führt u. a. dazu, dass hauptberufliche Daytrader mit ihrem Verdienst weniger Steuern zahlen als in einem vergleichbaren Angestelltenverhältnis.

2. Diese Regelung gilt aber vorrangig nur für hauptberufliche Daytrader. Sollten Sie als Einsteiger neben dem Daytrading noch einem Hauptberuf nachgehen und ihr persönlicher Steuersatz bei der Einkommenssteuer unter der 25 %-Grenze liegen, z. B. 14 %, wird dieser auch für die Gewinne aus dem Daytrading herangezogen.

3. Eine weiterer Vorteil bei der Feststellung der steuerlichen Belastung liegt darin, dass bei jeder abgewickelten Transaktion durch einen deutschen Broker bzw. einem deutschen Finanzinstitut die Abgeltungssteuer von 25 % bereits direkt an das Finanzamt abgeführt wird. Die mögliche Differenz zwischen 25 % Abgeltungssteuer und Ihrem tatsächlichen Steuersatz in der Einkommensteuer können Sie sich über das Formblatt > KAP < bei Ihrer jährlichen Steuererklärung wieder erstatten lassen.

Bei einer Abwicklung über einen ausländischen Broker bzw. einem ausländischen Finanzinstitut entfällt diese Regelung. Hierfür müssen Sie die Kapitalerträge separat in Ihrer Steuererklärung erfassen.

4. Jedem Trader steht ein steuerlicher Grundfreibetrag in Höhe von 9.000,00 € und ein Sparerfreibetrag in Höhe von 801,00 € zur Verfügung. Für Verheiratete gelten die doppelten Summen, also 18.000,00 € bzw. 1.602,00 €. Steuerpflichtig sind somit nur Kapitalerträge über diesem Freibetrag. Sie können Ihrem Broker bzw. Ihrer Bank einen entsprechenden Freistellungsauftrag erteilen, sodass erst bei Überschreitung dieser Grenze die automatische Abführung der Abgeltungssteuer erfolgt.

5. Wenn Sie zu Beginn des aktuellen Steuerjahres das 64. Lebensjahr erreicht haben und keine weiteren Nebeneinkünfte besitzen, haben Sie zusätzlich Anspruch auf einen steuermindernden Altersentlastungsbetrag von z. Zt. 16 %, maximal 760,00 €.

1.6.2 Verluste und steuerliche Entlastung

Als Daytrader müssen Sie nicht nur Ihre Gewinne versteuern. Sie können selbstverständlich auch Verluste, die durch das Trading aufgelaufen sind, steuerlich geltend machen.

Beispiel: Sie haben einen Gewinn in Höhe von 30.000 € im laufenden Geschäftsjahr erzielt, gleichzeitig aber einen Verlust in Höhe von 7.000 € erlitten. Somit müssen Sie lediglich einen Betrag in Höhe von 23.000 € versteuern. Auch hier gilt eine unterschiedliche Regelung zwischen dem Traden in Deutschland bzw. dem Ausland. Bei Abwicklungen über einen deutschen Broker erfolgt diese

Verlustanrechnung automatisch, bei einem deutschen Finanzinstitut allerdings nur für den Handel mit klassischen Wertpapieren und nicht z. B. für Kryptowährungen. Diese Verluste müssen Sie separat über Ihre Steuererklärung geltend machen. Das Gleiche gilt für Verluste, die Sie beim Traden über ausländische Broker bzw. ausländische Finanzinstitute erlitten haben.

1.7 WOMIT SOLLTE EIN DAYTRADER HANDELN?

Grundsätzlich eignen sich für das Daytrading Finanzprodukte, die eine hohe ***Volatilität*** aufweisen und durch eine ausreichende ***Marktliquidität*** (schnelle Ankauf- und Verkaufsmöglichkeiten) verfügen. Für die Marktliquidität gilt der Kernpunkt: Je höher der Grad der Liquidität ist, desto schneller findet sich ein geeigneter Käufer. Finanzprodukte, die diese Rahmenbedingungen bestens erfüllen, sind u. a. Aktien, Edelmetalle, Rohstoffe und Währungen (auch Kryptowährungen). Für einen Daytrader sind diese Finanzprodukte besonders interessant, wenn über einen längeren Zeitraum Preise und Mengen statistisch erfasst und als Kursmuster grafisch dargestellt werden können. Daraus können Sie als Daytrader wertvolle und vor allem entscheidende Rückschlüsse ziehen.

1.8 TYPISCHE ANFÄNGERFEHLER VERMEIDEN

Viele Einsteiger beim Daytrading begehen bereits vor dem ersten Trade auch schon den ersten Fehler. Daytrading verspricht keinen schnellen Gewinn und schon gar keinen schnellen Reichtum. Daytrading weist auch Gefahren auf, die genau in das Gegenteil führen können: Die persönliche Pleite. Um dies zu vermeiden, sollten Sie typische Fehler vermeiden, um Ihre Vision von einer einkommensstarken Tätigkeit nicht zu gefährden.

Auch wenn einige dieser Fehler bereits in den vorherigen Kapiteln kurz erwähnt wurden, macht es sicherlich Sinn, die sechs typischen Fehler noch einmal im Detail zu betrachten.

1. Fehler

Daytrading ist kein Zeitvertreib und schon gar nicht als Hobby zu betrachten. Ihre Hobbys betreiben Sie zur persönlichen Unterhaltung. Daytrading dagegen ist nicht nur harte Arbeit. Es erzeugt Stress und ist auf Dauer auch ermüdend. Daraus resultierend kann Daytrading nicht mal so nebenbei durchgeführt werden. Als Daytrader müssen Sie während der offiziellen Börsenzeiten stundenlang vor dem Computer sitzen, um Kurse zu beobachten und ggf. An- und Verkäufe zu veranlassen. Dazu kommen die Entwicklungen von Strategien und Muster für die kurz- und mittelfristige Beobachtung der Kurse.

2. Fehler

Wie schon beschrieben: Die Qualität und Professionalität eines Daytraders steht und fällt mit der Ausbildung. Nehmen Sie sich die Zeit einer gründlichen Lernphase. Nutzen Sie die Möglichkeiten eines Übungs-/Demokontos. Hierbei setzen Sie nicht Ihr persönliches Kapital ein, sondern arbeiten mit virtuellem Geld. Allerdings sind auch Gewinne bzw. Verluste dadurch nicht real zu bewerten.

Wichtig!
Bevor Sie ein Demokonto eröffnen, informieren Sie sich über die Geschäftsbedingungen des Brokers. Teilweise sind diese Demokonten nur kurzeitig kostenlos.

3. Fehler

Entwickeln Sie für Ihr Daytrading eine Strategie (siehe hierzu Kapitel 6). Ohne Strategie neigt man zwangsläufig zu risikoreichen Trades. Beschreiben Sie bereits im Vorfeld, wie Sie beim Traden vorgehen wollen. Wählen Sie zu Beginn eine risikoarme Strategie, z. B. den Handel mit Aktien, die weniger heftigen Kursschwankungen ausgesetzt sind, aber trotzdem über einen längeren Zeitraum hohe Dividenden ausgeschüttet haben. Darauf aufbauend, mit Erweiterung Ihrer Kenntnisse, nähern Sie sich den etwas risikoreicheren Finanzprodukten mit kurzfristigeren Kursschwankungen.

4. Fehler

Setzen Sie beim Daytrading ausschließlich nur Geld ein, dessen kompletten Verlust Sie auch verschmerzen können. Erweitern Sie Ihr finanzielles Polster ausschließlich durch einen Teil möglicher Gewinne. Ziehen Sie notfalls rechtzeitig die Notbremse, um nicht in ein finanzielles Desaster zu stürzen.

5. Fehler

Werden Sie nicht gierig! Anfängliche Erfolge, gleich, ob im Übungskonto oder im realen Konto, sind keine Selbstläufer. Denken Sie an das alte deutsche Sprichwort, Zitat: „Nach jedem Auf kommt auch ein Ab“. Bleiben Sie ruhig und besonnen. Erfolge verführen auch dazu, den Überblick zu verlieren, Zeitpunkte zu verpassen, an denen ein Verkauf sinnvoll wäre, und mögliche Verluste zu spät zu bemerken.

6. Fehler

Unterschätzen Sie nicht den Suchtfaktor. Nicht nur Drogen machen abhängig, auch Erfolg und Gier können, da sie leider sehr dicht beieinander liegen, schnell zu einer Sucht ausarten. Die dann nicht mehr nachvollziehbaren und teilweise risikoreichen Handlungen haben bereits Existenzen zerstört. Bleiben Sie also ruhig und besonnen auf Ihrem Weg zu einem erfolgreichen Daytrader.

2 Aufbau einer Börse

Wenn Sie sich dazu entscheiden, als Daytrader zukünftig Ihr Einkommen zu erwirtschaften, sollten Sie neben den praktischen Abläufen des Handelns auch den Aufbau und die Organisation einer Börse verstehen.

2.1 WIE DEFINIERT SICH DAS „UNTERNEHMEN" BÖRSE?

Bereits vor einigen Jahren wurde eine Börse mittels sieben Fakten genau definiert:

1. Die Börse als Institution und der Handel mit Finanzprodukten muss durch eine staatliche Behörde genehmigt sein!

2. Nur autorisierte Teilnehmer, Finanzmakler (Broker) oder Finanzunternehmen sind berechtigt, an einer Börse Handel zu treiben!

3. Die Handelsabläufe unterliegen einem festen Regelwerk und werden von einer Aufsichtsbehörde streng überwacht.

4. Handels- und Vertragspartner verpflichten sich zu einer gegenseitigen Akzeptanz.

5. Der Handel an einer Börse wird durch Angebot und Nachfrage bestimmt!

6. Gehandelt werden hauptsächlich Finanzprodukte! Dazu zählen u. a. Aktien, Anleihen, CFDs, ETFs, Devisen, Edelmetalle, Festgeld, Finanzfonds, Futures, Investments, Rohstoffe und Termingeld (nähere Erklärungen unter Kapitel 2. 3).

7. Die gehandelten Finanzprodukte befinden sich nicht physisch am Handelsort!

2.2 DIE ORGANISATION EINER BÖRSE

Börsen in der Bundesrepublik Deutschland gehören zu den öffentlich-rechtlichen Organen der Bundesländer. Allerdings unterhält nicht jedes Bundesland der BRD einen Börsenstandort. Zurzeit existieren fünf einzelne Börsen und ein Zusammenschluss in der BRD.

2.2.1 Börsenstandorte in der Bundesrepublik Deutschland

Einzelstandorte:

- Frankfurt/Main

Die Börse in Frankfurt/Main gehört zu den zehn größten Börsenstandorten der Welt!

- Stuttgart
- Berlin
- München
- Düsseldorf

Zusammenschluss:

- Hamburg/Hannover

2.2.2 Aufbau einer Börse

Der interne Aufbau einer Börse gliedert sich in fünf Organe:

- **Den Börsenrat**

Zuständig für die Überwachung aller Aktivitäten rund um den Handel an der Börse.

- **Die Börsengeschäftsführung**

Zuständig u. a. für die Sicherstellung sämtlicher organisatorischer Abläufe, die Zulassung von neuen Handelsteilnehmern und die Einhaltung der allgemeinen Börsenregeln.

➢ **<u>Die Börsen-Zulassungsstelle</u>**

Zuständig für die Zulassung neuer Finanzprodukte.

➢ **<u>Den Börsen-Sanktionsausschuss</u>**

Zuständig für Sanktionen bei nicht korrekt durchgeführten Handels-Transaktionen.

➢ **<u>Die Börsen-Überwachungsstelle</u>**

Zuständig für die Überwachung aller Geschäftsvorgänge des Börsenhandels, sämtlicher Aktivitäten der Börsengeschäftsführung und der Börsenaufsichtsbehörde.

Wichtig!
Sollten Sie als Daytrader eine Beschwerde zu einer Handelstätigkeit, gleich, welcher Art, haben, können Sie sich an diese Überwachungsstelle wenden. Sie können dann sicher sein, dass Ihre Beschwerde objektiv geprüft wird.

2.2.3 Staatliche Aufsichtsbehörden einer Börse

Damit Sie als Daytrader auch stets ein sicheres Gefühl bei Ihren Handelsaktivitäten haben, gibt es zusätzlich zu den internen Überwachungsorganen einer Börse auch noch zwei externe Stellen zur Überwachung.

➢ **<u>Die Börsenaufsichtsbehörde</u>**

Diese untersteht dem Wirtschaftsministerium des jeweiligen Bundeslandes mit einem Börsenstandort. Sie ist zuständig für die externe Überwachung eines ordnungsgemäßen Geschäftsbetriebs. Sollte die Börsenaufsichtsbehörde schwerwiegende Mängel feststellen oder lediglich einen Verdacht haben, schaltet Sie umgehend die entsprechende Überwachungsstelle der Börse ein.

➢ **<u>Die Bundesanstalt für Finanzdienstleistungen (BaFin)</u>**

Sie untersteht dem Bundesministerium für Finanzen. Sie ist das übergeordnete Aufsichtsorgan über alle Finanzunternehmen und Versicherungen in Deutschland.

2.3 WAS WIRD AN EINER BÖRSE GEHANDELT?

Bevor wir auf die einzelnen Finanzprodukte eingehen, die Sie als Daytrader an einer Börse vorfinden, müssen wir etwas philosophisch an diese Frage herangehen. Würden Sie diese Frage langjährigen Börsianern stellen, werden Sie im Regelfall folgende Antwort erhalten, die anfänglich für etwas Verwirrung sorgen könnte:

An der Börse wird lediglich mit Erwartungen gehandelt!

Diese Antwort ist genau betrachtet richtig! Schließlich ist jede Art des Handelns mit Erwartungen verbunden, an einer Börse vorrangig mit Kurssteigerungen und, ganz wichtig: Gewinnen! Um dieses Ziel zu erreichen, sind die Finanzprodukte dabei nur das Mittel zum Zweck.

Aber genug Philosophie und zurück zu den Finanzprodukten, die an einer Börse gehandelt werden. Mit Gründung der ersten Börse im Jahre 1409 in Brügge (Belgien) wurden Geld und als erstes Wertpapier Schuldverschreibungen gehandelt. Heutzutage ist das Portfolio an den Börsen weitaus umfangreicher, sodass sich geübte Trader für ein erfolgreiches Handeln nur auf wenige Finanzprodukte konzentrieren. Das empfiehlt sich auch für Sie als Neueinsteiger im Daytrading. Konzentrieren Sie sich zunächst ausschließlich auf ein Finanzprodukt und erweitern Sie mit zunehmenden Kenntnissen Ihr Portfolio langsam und wohlbedacht (siehe auch Kapitel 1.8, Punkt 3).

2.3.1 Die drei wichtigsten Finanzprodukte für das Daytrading

Für das Daytrading sind besonders Finanzprodukte geeignet, die an liquiden Märkten gehandelt werden. Liquide Märkte überzeugen durch ausreichend Angebot und Nachfrage, durch eine große Verfügbarkeit von unterschiedlichen Finanzprodukten und einem durchschaubaren Prozess der Preisbildung.

Nachfolgend eine Aufstellung der gängigsten Finanzprodukte für Daytrader, inkl. einer Analyse über Vor- und Nachteile:

1. Aktien

Unter einer Aktie versteht man den finanziellen Anteil an einem Unternehmen (Aktiengesellschaft). Dieser Anteil wird optisch durch ein Wertpapier = Aktie dargestellt. Einfach ausgedrückt: Mit dem Besitz einer Aktie im Wert von 100,00 € von der Aktiengesellschaft „XYZ" werden Sie automatisch Teilhaber dieser Firma. Zusätzlich haben Sie einen anteilsmäßigen Anspruch auf Gewinne und besitzen ein Mitbestimmungsrecht im operativen Geschäft der Aktiengesellschaft. Steigt das Vermögen (der Aktienkurs) des Unternehmens, steigt auch automatisch der Wert der Aktie.

Beispiel: Sie haben eine Aktie im Wert von 100,00 € erworben. Im Laufe der folgenden Jahre steigert sich das Vermögen (der Aktienkurs) des Unternehmens um 50 %. Ihre Aktie besitzt nun einen Handelswert von 150,00 €. Im Falle eines Verkaufes Ihrer Aktie erhalten Sie nun 150,00 €, also einen Gewinn von 50,00 €.

Vorteile von Aktien:

- Geringeres Risiko, da bei jeder Aktie ein realer Firmenwert hinterlegt ist.
- Gewinnmöglichkeit durch höheren Aktienkurs.
- Anteil an einer separaten Ausschüttung von Gewinnen (Dividenden) des Unternehmens. Dividenden sind nicht gleichzusetzen mit der Wertsteigerung einer Aktie.
- Geeignet für einen Handel mit etablierten Aktiengesellschaften.
- Aktien werden bei einem Broker als sogenanntes Sondervermögen gewertet. Das bedeutet, dass im Falle einer Insolvenz des Brokers dieses (Ihr) Aktienvermögen unantastbar ist und von Ihnen ohne weitere Probleme an einen anderen Broker übertragen werden kann.

Nachteile von Aktien:

- Um hohe Gewinne zu erzielen, ist eine hohe Kapitalbindung nötig.
- Häufig sind hohe Handelsgebühren beim Broker fällig.

2. Währungen (Devisen)

Das Finanzprodukt der Währungen, im Handel auch als ***Forex*** bezeichnet, ist nicht nur zum beliebtesten Finanzprodukt der Daytrader aufgestiegen, sondern mittlerweile auch mit einem Tagesumsatz von mehr als 5 Billionen US-Dollar der größte Handelsbereich an den Börsen auf der Welt.

Der Handel erfolgt in sehr kurzfristigen Abschnitten, da insbesondere Währung sehr schnellen Kursschwankungen unterliegen. Die Gründe hierfür sind vielfältig. So können bereits Veränderungen im Warenhandel, insbesondere im Außenhandel, erhebliche Kursschwankungen verursachen. Aber auch militärische Auseinandersetzungen, Krisen und Wechsel in der politischen Führung können zu teilweise extremen Kursschwankungen führen.

Sicherlich werden Sie jetzt argumentieren, warum der Währungshandel für Sie als Daytrader einerseits so interessant sein soll, wenn er doch andererseits großen Schwankungen und damit auch großen Verlusten ausgesetzt ist. Doch genau diese Schwankungen sind interessant. Nicht die nach unten, sondern die nach oben. Wenn Sie die Kurse sehr gut im Blick haben, werden Sie die Kurssteigerungen sehr schnell erkennen und damit erfolgreich Gewinne einstreichen. Allerdings nur, wenn Sie auch die Gegenrichtung einer Kursentwicklung im Blick haben.

Tipp:
Wenn Sie sich für diesen Teil des Tradens entscheiden, sollten Sie auf die Dienste eines spezialisierten Forex-Brokers zurückgreifen. Diese Broker stellen Ihnen spezielle Plattformen und Software für den Handel mit Devisen zur Verfügung.

Vorteile von Währungen:

- 24 Stunden/Tag für den Handel (weltweit) verfügbar.
- Daher ruhigeres Handeln zu nächtlicher Zeit möglich.
- Hohe Zahlungsfähigkeit am Handelsmarkt.
- Größter Handelsmarkt auf der Welt.
- Mehrere Anlagestrategien möglich, insbesondere kurz- und mittelfristig.

Nachteile von Währungen:

- Totalverlust kann nicht ausgeschlossen werden.
- Für Neulinge leicht demotivierend (durch Nachtarbeit).

3. CFDs (Contract of Difference)

> **Wichtig!**
> **Bei CFDs handelt es sich um ein Finanzprodukt, dass nur von erfahrenen Daytradern gehandelt werden sollte!**

Als ***CFD*** wird ein Finanzprodukt bezeichnet, das seine Wertentwicklung von einem festgelegten Basiswert des Finanzproduktes ableitet. Einfach ausgedrückt: Sie partizipieren lediglich von der Kursentwicklung, nicht vom tagesaktuellen Kurswert, und besitzen auch keine Unternehmensbeteiligungen wie bei einer klassischen Aktie. Dafür bezahlen Sie bei Erwerb eines CFD allerdings auch nur einen Bruchteil des aktuellen Basiswertes und benötigen folglich weniger Kapital, um Gewinne einfahren zu können. Umgekehrt, bei Kurseinbrüchen, kann aber auch ein Totalverlust des eingesetzten Kapitals erfolgen.

Dieses Finanzprodukt, das sich von einem tatsächlichen Basiswert ableitet, bezeichnet man auch als ***Derivat***.

Mit CFDs können nahezu alle am Markt vorhandene Finanzprodukte gehandelt werden, z. B. klassische Aktien, Devisen, Rohstoffe, Metalle und mittlerweile auch Kryptowährungen. Der Handel mit CFDs wird ausschließlich von sogenannten Market Makern, einfacher ausgedrückt von CFD-Brokern, angeboten. Auch von diesen Brokern wird eine besondere Plattform bzw. Software angeboten.

Vorteile von CFDs:

- Sehr große Auswahlmöglichkeit eines Finanzproduktes.
- Geringes Startkapital notwendig.
- Kostengünstiges Handling über den Market Maker.
- Auch Teilkontrakte können gehandelt werden.

- Hohe Liquidität.

Nachteile von CFDs:

- Keine Regulierung durch Aufsichtsbehörden.
- Suche nach einem seriösen Market Maker kann sich schwierig gestalten.
- Totalverlust des eingesetzten Kapitals ist möglich.
- Im Gegensatz zu klassischen Aktien besteht kein Anspruch auf die Rechte eines Aktionärs.

2.3.2 Weitere Finanzprodukte für das Daytrading

Optionen

Optionen gehören wie CFDs zu den sogenannten Derivaten, d. h., sie leiten sich von dem Basiswert eines Finanzproduktes ab. Der Unterschied zu einem CFD liegt darin, dass Sie als Trader die Option erwerben, einen festgelegten Basiswert zu einem festgelegten Termin mit einem festgelegten Preis kaufen bzw. verkaufen zu können. Ein großer Vorteil bei Optionen liegt darin, dass Sie diese zwar erwerben, aber nicht die Pflicht haben, diese Optionen auch einzuhalten. Das macht das Ganze für das Daytrading interessant.

Da ein festgelegter Termin zwangsläufig in der Zukunft liegt, werden diese Transaktionen auch als Termingeschäfte bezeichnet.

ETF (Exchange Traded Funds)

Unter einem ***ETF*** versteht man einen börsengehandelten Aktienfond, in den man günstig investieren und so über einen längeren Zeitraum Vermögen erzielen kann.

Stopp, werden Sie jetzt argumentieren. Sie wollen nicht langfristig handeln, Sie wollen als Daytrader aktiv sein. Genau das geht auch mit ETFs, wenn diese als Indexfonds (ein Bündel von Wertpapieren) über CDFs gehandelt werden. Der Unterschied zu den „normalen" ETFs mit ihrer Langzeitstrategie und dem Daytrading mit ETFs/CFDs liegt darin, dass auch hier die Positionen nur kurz im Portfolio verbleiben und täglich wieder geschlossen werden. So kann am Folgetag mit neuem Kapital ein erneuter Handel erfolgen.

Kryptowährungen

Das „Geld der Zukunft“, wie Kryprowährungen auch gerne bezeichnet werden, scheinen auf den ersten Blick nicht für das Daytrading geeignet zu sein. Schließlich sind doch erhebliche technische Aufwendungen nötig und eine hohe Rechnerleistung notwendig. Falsch! Mittlerweile unterstützen eine Vielzahl von automatisierten Softwareprogrammen das Traden, nicht nur für den langfristigen, sondern auch den kurzfristigen Handel mit dieser digitalen Währung.

Um in das Daytrading von Kryptowährungen einzusteigen, benötigen Sie keine besondere Hardware. Sie benötigen lediglich eine besondere Software, die Ihnen bei speziellen Brokern für Kryptowährungen zur Verfügung gestellt wird, und Sie müssen sich einem Anmeldeprocedere stellen und die Höhe Ihres Handelsvolumens angeben (kann regelmäßig verändert werden!). Danach erfolgen sämtliche Verarbeitungsschritte Ihrer Aufträge direkt beim Krypto-Broker. Allerdings sollten Sie mit etwas Risikobereitschaft ausgestattet sein.

Die bereits erwähnte Software nutzt für die Prognose einer Kryptowährung Daten aus der Vergangenheit und berechnet über Algorithmen (Durchführung von Schrittweisen) die wahrscheinliche Kursentwicklung, mittlerweile mit einer Genauigkeit von nahezu 100 %. So werden die Zeiträume zwischen einem An- bzw. Verkauf einer Kryptowährung sehr kurz dargestellt und im Regelfall fallen Kursgewinne (auch Verluste!) dadurch eher gering aus. Das ist einerseits für ein gewinnbringendes Daytrading ungünstig, andererseits aber wieder günstig, sollten Sie etwas Ausdauer, vielleicht auch Risikobereitschaft, mitbringen. Erweitern Sie z. B. die Menge Ihrer Transaktionen. Das erhöht die Chance auf einen größeren Gewinn, der sich eben aus den Gewinnen der kleineren Einzeltransaktionen summiert. Eine weitere Möglichkeit: Traden Sie mit unterschiedlichen Kryptowährungen.

Nutzen Sie aber auf jeden Fall die kurzfristigen Prognosen. Verluste entwickeln sich mindestens so schnell wie Gewinne!

Edelmetalle

Wie bei vielen Finanzprodukten führen Angebot und Nachfrage zu einer entsprechenden Kursentwicklung. Allerdings gibt es bei Edelmetallen einen weiteren Aspekt: die Knappheit. Edelmetalle sind nun mal ein endliches Produkt. Wissenschaftler gehen davon aus, dass allein die Goldvorräte auf der Welt in den kommenden zwanzig Jahren aufgebraucht sind. Allerdings nicht nur die Knappheit hat auf die Kursentwicklung von Edelmetallen einen Einfluss. Seitdem Menschen Handel betreiben, sind Edelmetalle immer Zufluchtsorte in wirtschaftlichen oder politischen Krisen gewesen, diese haben dadurch den Wert von Edelmetallen entscheidend beeinflusst. Dadurch gelten Edelmetalle, vorrangig Gold, als ein sicheres Anlageprodukt. Insbesondere in den Phasen von heftigen Kursentwicklungen aufgrund von Krisen kann Daytrading zu einem enormen Erfolg führen.

2.4 WANN KANN AN BÖRSEN GEHANDELT WERDEN?

Eigentlich ist der weltweite Börsenhandel durch die entsprechende Zeitverschiebung nahezu 24 Stunden am Tag möglich. Nachfolgend eine Tabelle mit den Handelszeiten der größten Börsen auf der Welt, inkl. den Öffnungszeiten in Europa (MEZ). Die beiden Kennzeichnungen „TOP" stehen für die optimalen Handelszeiten für Daytrader.

Uhrzeit (MEZ)																							
									0	**1**	**2**	**3**	**4**	**5**	**6**	**7**	**8**	**9**	**0**	**1**	**2**	**3**	**4**
	Sydney																						
	Tokio																						
		Singapur																					
			Hongkong																				
				Jakarta																			
								Johannesburg															
														Toronto									
														New York									
								Europa															
					TO P										**TO P**								

Stand: 06.2021

3 Kursentwicklung

Bei einem Kurs handelt es sich um die Bewegung des Wertes eines Finanzproduktes, gemessen zu festgelegten Fixpunkten, z. B. dem täglichen Ende der Handelsaktivitäten an einer Börse. Spricht man allerdings von Kursen, denkt man sofort an den Klassiker eines Börsenhandels, die Aktien. Doch auch für alle anderen Finanzprodukte, z. B. Rohstoffe, CFDs, ETFs usw., wird regelmäßig ein Kurs ermittelt.

Um es etwas einfacher zu gestalten, werden im Folgenden der Kurs und seine Entwicklung anhand einer klassischen Aktie beschrieben.

Es gilt aber grundsätzlich für alle anderen Finanzprodukte.

3.1 ENTWICKLUNG EINES AKTIENKURSES

Im Grunde entwickelt sich der Kurs einer Aktie durch ein vorhandenes Angebot und der daraus resultierenden Nachfrage. Der Kurs kann allerdings durch externe Gegebenheiten stark beeinflusst werden. Dazu gehören z. B. folgende Situationen:

- Die allgemeine Wirtschaftslage steigt oder sinkt
- Die Aktiengesellschaft befindet sich in wirtschaftlichen Schwierigkeiten
- Die Prognosen für die Zukunft der Aktiengesellschaft sind positiv bzw. negativ
- Die Aktiengesellschaft gibt eine Gewinnwarnung bzw. Gewinnprognose aus

Mit diesen vorliegenden Kenntnissen werden Anleger kurzfristig versuchen, Aktien dieser Gesellschaft zu erwerben bzw. in der umgekehrten Lage diese Aktien wieder zu verkaufen. Genau diese Situation bestimmt das Auf und Ab eines Aktienkurses.

Wie wird aber nun der definitive Wert in diesem Auf und Ab ermittelt? Hier kommen die Börsenmakler der jeweiligen Börse ins Spiel. Sie nehmen zunächst einmal sämtliche Kauf- und Verkaufswünsche der Kunden entgegen und notieren diese im sogenannten Orderbuch. Danach wird errechnet, bei welchem Kurs möglichst viele Kauf- bzw. Verkaufswünsche der Kunden erfüllt werden können. Danach legen weitere Börsenmakler, die auf Neutralität vereidigt sind, einen endgültigen Preis fest und veröffentlichen (notieren) diesen im sogenannten Handelsblatt.

Ist bei dieser Ermittlung die Nachfrage nach einer Aktie höher als die vorhandene Menge an Angeboten, steigt dadurch der Kurs dieser Aktie. Im umgekehrten Fall, also mehr Angebot als Nachfrage, fällt der Kurs dieser Aktie. Dieses Procedere erfolgt zu jedem Handelstag einer Börse, im Regelfall von Montag bis Freitag.

Nachfolgend ein sehr einfaches Beispiel zur Entwicklung eines Aktienkurses.
Die Aktie des Unternehmens „XYZ" hat zurzeit einen Handelskurs von 20,00 €. Drei Käufer möchten in insgesamt 1.100 Aktien des Unternehmens „XYZ" investieren. Diese Käufer teilen sich wie folgt auf:

Käufer:

- 1. Käufer = Ankauf von 500 Aktien mit einer Investition pro Aktie von 21,00 €.
- 2. Käufer = Ankauf von 200 Aktien mit einer Investition pro Aktie von 20,00 €.
- 3. Käufer = Ankauf von 400 Aktien mit einer Investition pro Aktie: jeder geforderte Preis.

Diesen Kaufabsichten müssen allerdings auch die entsprechenden Angebote, also aktuelle Verkäufe, für einen Handel gegenüberstehen. Dies ist in diesem Beispiel der Fall, da zeitgleich drei Verkäufer insgesamt 1.100 Aktien des Unternehmens „XYZ" anbieten wollen.

Verkäufer:

- 1. Verkäufer = Verkauf von 600 Aktien zum Preis von 21,00 € pro Aktie.
- 2. Verkäufer = Verkauf von 200 Aktien zum Preis von 22,00 € pro Aktie.

➢ 3. Verkäufer = Verkauf von 300 Aktien zum besten Preis pro Aktie.

Jetzt kommen die bereits erwähnten Börsenmakler ins Spiel. Nun geht es darum, aus dem Verhältnis zwischen Kauf- (Nachfrage) und Verkaufswunsch (Angebot) ein maximales Handelsvolumen zu realisieren, um die Vorgaben beider Seiten (Verkäufer und Käufer) erfüllen zu können. Aus den vorliegenden Fakten ergeben sich drei Möglichkeiten für einen Trade.

Trade:

➢ Für einen Kurs von 10,00 € besteht ein verfügbares Handelsvolumen von insgesamt 300 Aktien.

2. Käufer + 3. Käufer	200 (20,00 €) + 400 (jeden Preis)	=	+ 600 Aktien
3. Verkäufer	300 Aktien (besten Preis)	=	- 300 Aktien
300 Aktien im Verkauf stehen einem Bedarf von 600 Aktien im Ankauf gegenüber = <u>Unterdeckung</u> von 300 Aktien im Ankauf			

➢ Für einen Kurs von11,00 € besteht ein komplett abdeckbares Handelsvolumen von insgesamt 900 Aktien.

1. Käufer + 3. Käufer	500 (21,00 €) + 400 (jeden Preis)	=	+ 900 Aktien
1. Verkäufer + 3. Verkäufer	600 (21,00 €) + 300 Aktien (besten Preis)	=	- 900 Aktien
900 Aktien im Verkauf stehen einem Bedarf von 900 Aktien im Ankauf gegenüber = <u>Komplette</u> Handelsabdeckung!			

➢ Für einen Kurs von 12,00 € besteht ein verfügbares Handelsvolumen von insgesamt 400 Aktien.

3. Käufer	400 (jeden Preis)	=	+ 400 Aktien

Alle Verkäufer		=	- 1.100 Aktien
1100 Aktien im Verkauf stehen einem Bedarf von 400 Aktien im Ankauf gegenüber = Überdeckung von 700 Aktien im Verkauf			

Anhand dieses Beispiels können Sie erkennen, dass die optimale Ausschöpfung zwischen Angebot und Nachfrage der Aktie des Unternehmens „XYZ" beim 2. Kurs liegt.

Der neue, aktuelle Kurs wird von den Börsenmaklern daher mit 21,00 € festgelegt!

3.2 KURSÄNDERUNGEN

Der Kurs einer Aktie wird einerseits durch Geschäftssituationen eines Unternehmens beeinflusst, andererseits können aber auch viele Faktoren, die grundsätzlich nichts mit der Situation des Unternehmens zu tun haben, eine entscheidende Rolle spielen. Entscheidend bleibt aber grundsätzlich immer, wie Sie als Trader auf diese Informationen reagieren. Ihre persönliche Einschätzung zur Kursentwicklung bestimmt den Kurs einer Aktie. Gerade als Daytrader müssen Sie in kurzen Zeiteinheiten entscheiden, ob Sie kurzfristige Wachstumschancen vermuten, um Gewinne einzustreichen, oder ob Sie besser rechtzeitig aus dem Trade aussteigen, um Verluste zu vermeiden.

Für ein erfolgreiches Handeln an der Börse gibt es vier Thesen, die Sie bei Ihren Aktivitäten als Daytrader unbedingt beachten sollten.

These 1: Aktienkurse werden von weitaus mehr Situationen beeinflusst, die ausschließlich unter der Kontrolle eines Unternehmens stehen!

These 2: Kursänderungen bei sekundär gehandelten Finanzprodukten, z. B. bei den vom Unternehmen geförderten Rohstoffen, haben direkten Einfluss auf die Kursentwicklung einer Aktie dieses Unternehmens!

These 3: Gerüchte, Presseberichte, Modetrends und kurzfristige Hypes können den Kurs einer Aktie direkt beeinflussen, auch wenn die Aufmerksamkeit darauf in der Wirklichkeit nicht immer zutreffend ist.

These 4: Um mit Aktien erfolgreich zu handeln, muss immer die Gesamtsituation eines Unternehmens und des Finanzproduktes betrachtet werden. Dabei müssen sämtliche Einflussfaktoren Berücksichtigung finden.

Um Ihre endgültige Entscheidung über Kauf oder Verkauf einer Aktie zu unterstützen, steht Ihnen ein praktisches, grafisches Werkzeug aus dem Börsenalltag zur Verfügung, die Trendanalyse.

3.3 TRENDANALYSE

Unter einem Trend versteht man die Entwicklung eines Kurses über einen längeren Zeitraum und die daraus resultierenden statistischen Kennzahlen. Vermutlich werden Sie jetzt anmerken: Als Daytrader will ich ja gar nicht längerfristig handeln. Das ist absolut richtig! Doch Trends stellen nicht nur längerfristige Kurse dar, sondern vermitteln auch kurzfristige Erkenntnisse daraus, die dann durchaus Einfluss auf Ihre Handelsaktivitäten nehmen können. Dazu nachfolgend zwei Beispiele:

Beispiel 1:
Die Aktie des Unternehmens „XYZ" besitzt zurzeit einen Wert von 100,00 €. Dieser Wert hat sich über viele Monate durch einen leichten kontinuierlichen Anstieg entwickelt. Es ist also nicht davon auszugehen, dass über den Tag eine große Wertsteigerung und damit Gewinn zu erwarten ist.

Beispiel 2:
Die Aktie des Unternehmens „ABC" besitzt ebenfalls einen aktuellen Wert von 100,00 €. Allerdings hat sich dieser Wert nicht langfristig aufgebaut, sondern in kurzen Kurssprüngen aufwärts, aber auch wieder abwärts entwickelt. Hier können Sie also davon ausgehen, dass sich über den Tag verteilt der Wert der Aktie stark verändert. Als Daytrader müssen Sie jetzt nur die richtigen Zeitpunkte „erwischen", um mit einem Ankauf und kurzfristigen Verkauf einen positiven Trade anzuschließen.

Nun ist das theoretische Wissen über die Funktionalität eines Kurses und darüber, was Sie für Rückschlüsse daraus ziehen können, durchaus hilfreich. Besser wäre es aber, Trends auch sichtbar zu machen. Genau dies ist mittlerweile möglich und steht Ihnen auf nahezu allen Plattformen der Broker zur Verfügung. Für Sie als Daytrader, insbesondere in der Anfangsphase, ist dieses grafische Hilfsmittel eigentlich unverzichtbar.

3.4 RICHTUNGEN VON TRENDS

Trends sollten niemals auf einer geraden Linie, sondern in kantigen Bewegungen verlaufen. Die gerade Linie zeigt absolut keinen Trend, eher einen eintönigen Kursverlauf an. Für Sie als Daytrader absolut uninteressant! Bei Trends mit kantigen Bewegungen liegen ausschließlich drei Richtungen vor, wobei bereits in der jeweiligen Bezeichnung die Bewegung des Trends erklärt wird. Bei diesen drei Richtungen handelt es sich um:

- Den Aufwärtstrend und den Aufwärtstrendkanal
- Den Abwärtstrend und den Abwärtstrendkanal
- Den Seitwärtstrend

Alle drei Trend-Varianten werden Ihnen nachfolgend vorgestellt, wobei die Grafiken lediglich grob die Richtung anzeigen. Auf den Plattformen der Broker sehen Sie zusätzlich Tages- und teilweise sogar stündliche bzw. noch kleinere Zeiteinheiten. So können Sie als Daytrader genauestens abschätzen, wann sich ein Kauf lohnt und wann Sie erfolgreich wieder verkaufen sollten.

3.4.1. Der Aufwärtstrend

Der Aufwärtstrend wird durch eine aufsteigende Trendlinie dargestellt. Für die Darstellung werden zunächst die Tiefpunkte des Kurses erfasst und miteinander verbunden. Wichtig dabei ist, dass der jeweils folgende Tiefpunkt höher als der vorherige innerhalb des Kurses liegen muss. Die jeweiligen Tiefpunkte werden miteinander verbunden. Im nachfolgenden Beispiel-Chart sind die Tiefpunkte mit T1, T2 und T3 bezeichnet und durch eine grüne Linie, der Trendlinie, miteinander verbunden. Im Idealfall liegt zwischen zwei Tiefpunkten immer ein

Hochpunkt, auch als relatives Hoch bezeichnet. Im Beispiel-Chart sind das RH1, RH2 und RH3.

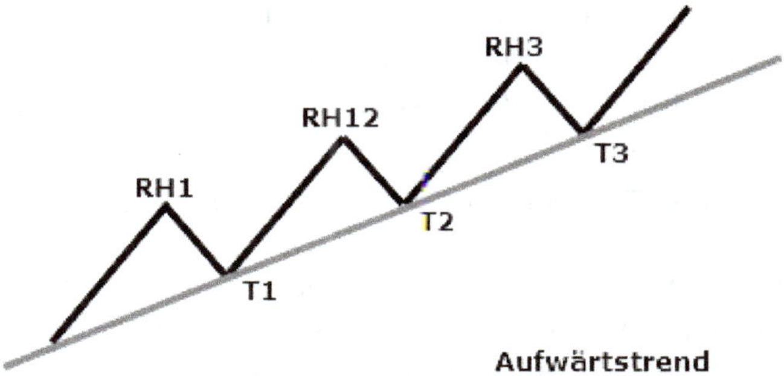

Sie erkennen jetzt auf dem Chart eine ständige Aufwärts- bzw. Abwärtsbewegung, allerdings in Verbindung der Tiefpunkte einen kontinuierlichen Zuwachs des Kurses.

Im Idealfall zeigt der Chart eine Vielzahl von Tiefs und Hochs an. Je mehr angezeigt werden, desto mehr Tiefpunkte können miteinander verbunden werden und desto aussagefähiger ist die Trendlinie.

3.4.2 Der Aufwärtstrendkanal

Bei dem vorherigen Beispiel eines Aufwärtstrends ist die Entwicklung des Kurses mit Tief- bzw. Hochpunkten gleichmäßig dargestellt. Im Tagesgeschäft entwickeln sich diese Punkte allerdings selten so konstant. Es ist eher mit ungleichmäßigen Bewegungen zu rechnen. Um trotzdem einen Aufwärtstrend erkennen zu können, wird ein kleiner „Umweg" genutzt, der Aufwärtstrendkanal. Hierbei werden ebenfalls die Tiefpunkte (T1, T2 und T3) miteinander verbunden, zusätzlich aber auch die jeweiligen Hochpunkte (RH1, RH2 und RH3). Hochpunkte, die unterhalb der miteinander verbundenen Punkte RH1, RH2 und RH3 liegen, bleiben dabei unberücksichtigt und fließen nicht in die Verbindung ein.

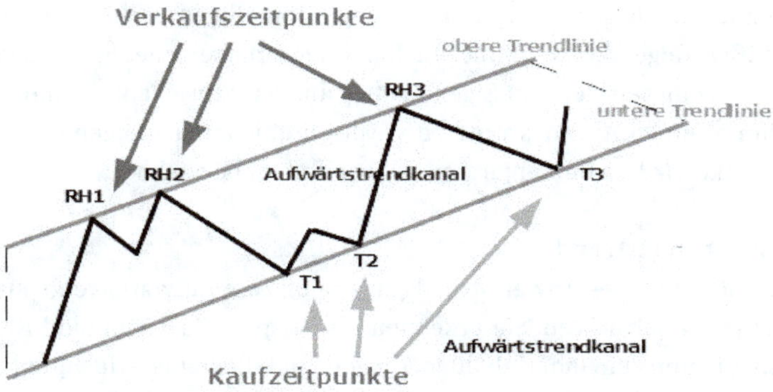

Sie erkennen jetzt auf dem Chart eine ungleichmäßige Aufwärts- bzw. Abwärtsbewegung und die Verbindungslinien zwischen den absoluten Tief- und Hochpunkten. Liegt nun die Verbindungslinie oben parallel zur Verbindungslinie unten, erkennt man einen Bereich, der als Aufwärtskanal bezeichnet wird. Für Ihr Daytrading sind die gekennzeichneten Hoch- und Tiefpunkte das Signal für Sie, entweder Aktien zu kaufen (T1, T2 und T3) oder besser zu verkaufen (RH1, RH2 und RH3).

3.4.3 Der Trendbruch

Irgendwann geht aber jeder kontinuierliche Kursanstieg einmal zu Ende. Dieser Punkt ist insbesondere für Sie als Daytrader enorm wichtig, da im Tagesgeschäft ab diesem Zeitpunkt mit Verlusten zu rechnen ist. Der Trendbruch kann ebenfalls grafisch dargestellt werden.

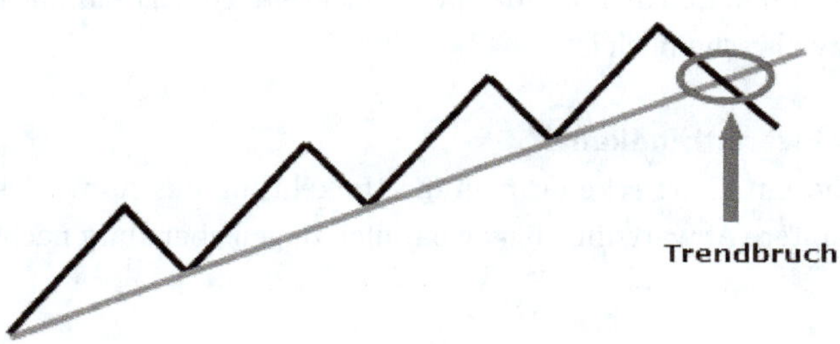

Sie erkennen auf diesem Chart zwar ein ungleichmäßiges Auf und Ab, aber eine gleichmäßig steigende Trendlinie. An dem rot gekennzeichneten Punkt verlässt der Kurs aber diesen gleichmäßigen Anstieg und durchbricht die Trendlinie, um daraufhin in einen Abwärtstrend zu wechseln (siehe nachfolgendes Kapitel). Dieser Punkt wird im Börsenjargon als Trendbruch bezeichnet.

3.4.4 Der Abwärtstrend

Die Chartansicht eines Abwärtstrends ist analog zum Aufwärtstrend, nur eben umgekehrt, zu betrachten. Sie erkennen im Beispiel die Tiefpunkte RL1, RL2 und RL3, die untereinander abfallend liegen, und die beiden Hochpunkte RH1 und RH2, die ebenfalls absteigend zueinander liegen. Die rote Verbindungslinie zwischen beiden Punkten wird als Abwärtstrendlinie bezeichnet.

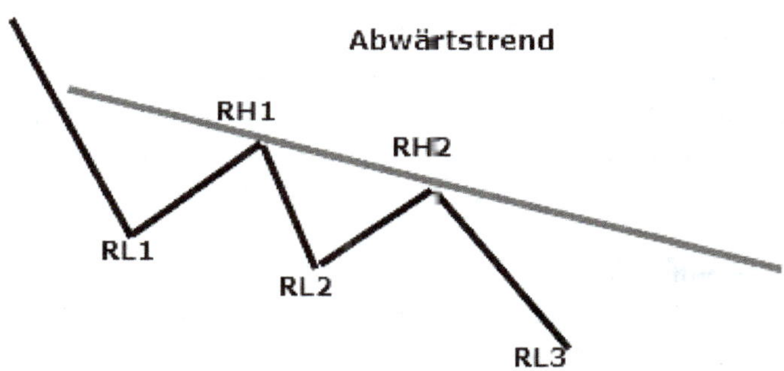

Bei dieser Konstellation sollten Sie als Daytrader auf jeden Fall Abstand von einem Ankauf von Aktien nehmen, da ein Überschreiten der Trendlinie nach oben ziemlich unwahrscheinlich ist.

3.4.5 Der Abwärtstrendkanal

Auch bei diesem Chart erkennt man die Umkehrung des Aufwärtskanal. Die obere und untere Abwärtslinie liegen parallel, zeigen aber stark nach unten.

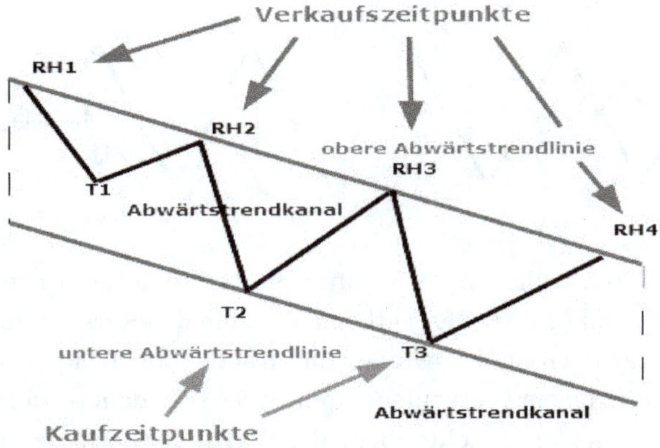

Bei dieser Konstellation sollten Sie als Daytrader eigentlich Abstand vom Trading nehmen. Lediglich zwei Gründe sprechen für einen Trade:

1. Sie sind im Besitz dieser Aktie. Dann sollten Sie spätestens an den Punkten RH1, RH2, RH3 oder RH4 verkaufen, da ein erneuter Abwärtstrend und damit ein Kursverlust zu erwarten ist.

2. Um einen bereits erfolgten Kursverlust wieder auszugleichen, sollten Sie an den Punkten T2 bzw. T3 umgehend verkaufen.

3.4.6 Der Seitwärtstrend

Bei einer Seitwärtsbewegung des Kurses gibt es zwar Bewegungen nach oben bzw. unten, in der Summe aber entwickelt sich keine Kursveränderung und damit auch kein erkennbarer Trend. Daher führt ein Seitwärtstrend bei den Tradern nicht gerade zur übermäßigen Begeisterung, da er bei langfristigen Anlagen eben keine Gewinne einfährt. Anders sieht es allerdings beim Daytrading aus. Hier schließt die Seitwärtsbewegung Gewinne nicht unbedingt aus, z. B. beim Handel mit CFDs (siehe Kapitel 2.3.1, Punkt 3).

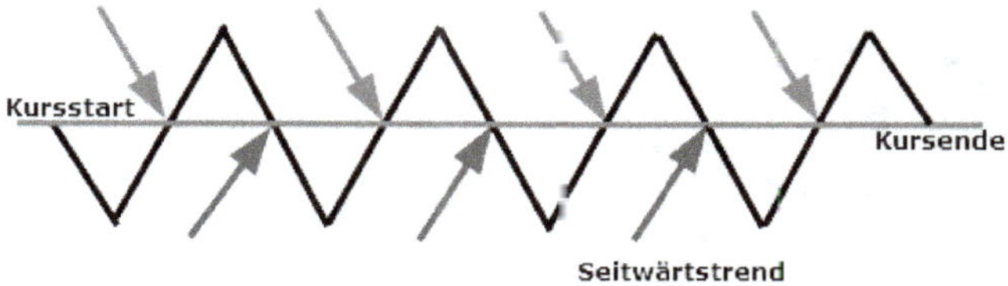

Wenn Sie bei Ihren täglichen Beobachtungen im Trend den richtigen Punkt beim Aufwärtstrend (grüner Pfeil) erkennen und in den Kurs einsteigen (Kaufen) bzw. den richtigen Punkt beim Abwärtstrend (roter Pfeil) erkennen und aus dem Kurs aussteigen (Verkaufen), können Sie trotzdem Gewinne erzielen bzw. Verluste vermeiden. Es sollte aber jedem Daytrader bewusst sein, dass bei dieser Konstellation eines Kurses beim Daytrading immer ein gewisses Risiko für Verluste besteht.

Grundsätzlich gelten bei der Betrachtung von Trends und den daraus gewonnenen Erkenntnissen drei Grundregeln, die für jegliches Traden, auch für das Daytrading, gelten:

➢ In Aufwärtstrends sollte unbedingt rechtzeitig gekauft werden!

➢ In Abwärtstrends sollte möglichst rechtzeitig verkauft werden!

➢ In Seitwärtstrends muss der richtige Zeitpunkt für den Kauf bzw. Verkauf abgepasst werden!

4 Analysen

Im vorherigen Kapitel haben Sie einige Charts vorgestellt bekommen, die Hilfsmittel darstellen, um Ihnen das Handeln als Daytrader zu erleichtern. Doch was nutzen Charts/„Bilder", wenn daraus nicht die richtigen Rückschlüsse gezogen werden? Daher ist es unbedingt wichtig, die Trends, die sich hinter diesen Charts/„Bildern" verbergen, richtig zu analysieren. Der wichtigste Punkt dabei, der bei einer Analyse grundsätzlich berücksichtigt werden muss, ist die Auswahl des richtigen Zeitfaktors für die Handelsaktivität. In den Charts auf den Plattformen der Broker sind standardmäßig unterschiedliche Zeiteinheiten in allen Trend-Charts hinterlegt.

4.1 ZEITEINHEITEN BEIM TRADING

Für Sie als Daytrader sind Zeitfaktoren, unter Tradern auch Zeiteinheiten genannt, die wichtigste Grundlage für Ihre Entscheidung, erfolgreich zu handeln. Dieser Zeiteinheiten beeinflussen am stärksten Ihre Entscheidungen und vor allem Ihre Handelsstrategie. Dabei ergeben sich umgehend folgende Fragen:

- Was genau versteht man unter Zeiteinheiten?
- Wo können Sie als Daytrader Zeiteinheiten einsehen?
- Welche Zeiteinheiten stehen Ihnen als Daytrader zur Verfügung?
- Welche Zeiteinheit ist für Ihre Handelsaktivität als Daytrader die richtige?

Was genau versteht man unter Zeiteinheiten?
Zeiteinheiten sind für das Verständnis von Kursverläufen besonders wichtig. Klarheit verschafft ein Auf- bzw. Abwärtstrend erst dann, wenn er möglichst minutiös analysiert werden kann. Sie können selbstverständlich auch aus einem abgebildeten Tageskurs Rückschlüsse ziehen. Allerdings sehen Sie in diesem Fall lediglich die Darstellung einer Gesamtbewegung über den Handelstag, also maximal 24 Stunden. Was Sie dabei nicht sehen, sind die kurzfristigen Bewegungen. Kein Kursverlauf bewegt sich über einen gesamten Tag verteilt nur kontinuierlich aufwärts bzw. abwärts. Je minutiöser Sie also einen Kursverlauf

analysieren können, desto größer ist die Wahrscheinlichkeit eines erfolgreichen Tradings.

Wo können Sie Zeiteinheiten einsehen?

Auf den Plattformen der Broker werden Ihnen Charts angeboten, die mit Zeiteinheiten versehen sind. Beim Öffnen dieser Charts können Sie unter einer Vielzahl von Zeiteinheiten wählen. Ein einfacher Klick auf den Chart und schon verändert sich sein Bild. Mittlerweile gibt es sogar Angebote einiger Broker, die bereits für Ihr Daytrading Zeiteinheiten auswählbar machen. Das bedeutet: Sie können bereits im Vorfeld festlegen, wie lange Sie ein Finanzprodukt nach Ihrer Order im Handel belassen wollen und wann der Verkauf erfolgen soll. Dies klingt zuerst einmal sehr gut, birgt aber das Risiko, dass genau in diesem Fixum der Kurs sinkt und Sie mit dem entsprechenden Verlust aussteigen. Auf Dauer gesehen verliert das Daytrading mit dieser Methode ein wenig seine Spannung.

Bleiben wir also bei dem eigentlichen Sinn des Daytradings, der ständigen Beobachtung von Kursen, dem geschickten Umgang mit den gewonnenen Erkenntnissen und einem möglichst erfolgreichen Ergebnis.

Welche Zeiteinheiten stehen Ihnen zur Verfügung?

Unter einer Zeiteinheit versteht man das Intervall zwischen zwei im Chart angezeigten Messpunkten eines Kurses. Das klingt zuerst einmal sehr kompliziert, lässt sich aber recht einfach erklären.

Angeboten werden auf den Plattformen der Broker im Regelfall folgende gängige Zeiteinheiten innerhalb der zugänglichen Charts:

- Tick-Chart = Ein einzelner Tick entspricht 100 Nanosekunden = eine zehnmillionste Sekunde (für das Daytrading eher ungeeignet).
- 1-Minuten-Chart = M1
- 5-Minuten-Chart = M5
- 10-Minuten-Chart = M10
- 15-Minuten-Chart = M15
- 30-Minuten-Chart = M30

- 1-Stunden-Chart = H1
- 4-Stunden-Chart = H4
- 1-Tages-Chart = D1 (für das Daytrading eher ungeeignet)
- 1-Wochen-Chart = W1 (für das Daytrading absolut ungeeignet)
- 1-Monat-Chart = MN (für das Daytrading absolut ungeeignet)

Um diese Zeitintervalle etwas deutlicher zu machen, folgendes Beispiel:

Beispiel 10-Minuten-Chart:
Ihre Aktie startet am Morgen des Handelstages mit einem Kurs von 100,00 €. Bereits zu Anfang des Börsenhandels steigt der Kurswert in der ersten Stunde um 12,62 % auf 112,62 €. Diese Wertsteigerung ist aber nicht in der letzten Sekunde der ersten Stunde entstanden, sondern hat sich im gesamten Zeitabschnitt dieser Stunde entwickelt. Im rechnerischen Beispiel M10 sehen Sie zuerst den Startwert (100,00 €) und zusätzlich sechs weitere Werte (1 Std. = 60 Min./10 Min. = 6 Zeiteinheiten) bis zum Endkurswert nach 1 Stunde. Der Einfachheit halber wurde in den Zeitintervallen eine Steigerung von jeweils 2 % zugrunde gelegt. Mit dieser Gleichmäßigkeit entwickelt sich eigentlich kein Kurs.

	Kursstart	Steigerung um ...	Zwischenwert
0 Minuten/Start	**100,00 €**		
10Minuten		2,00 %	102,00 €
20 Minuten		2,00 %	104,04 €
30 Minuten		2,00 %	106,12 €
40 Minuten		2,00 %	108,24 €
50 Minuten		2,00 %	110,41 €
60 Minuten/Endwert		2,00 %	**112,62 €**

In dieser Art werden Sie allerdings die Entwicklung des Kurses in Ihrem Computer nicht sehen können. Eine moderne Chart-Software wandelt dies in grafische Darstellungen um, z.B. in Form einer Kerze, einer Säule, eines Balkens oder einer Linie mit Sonderzeichen (siehe hierzu Kapitel 5.1).

Beispiel einer einfachen Chartdarstellung

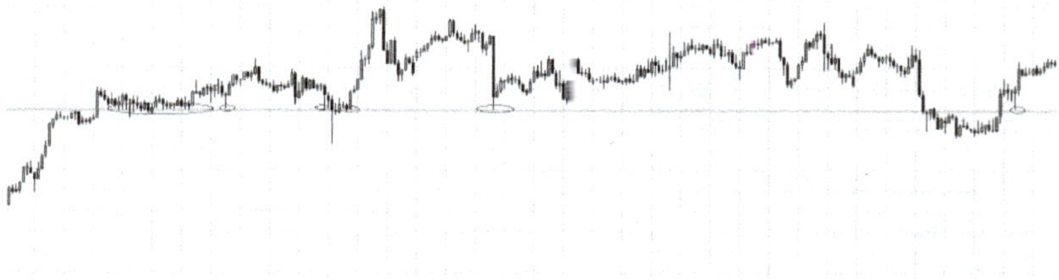

Als beliebteste Zeiteinheiten im Daytrading gelten der 5-Minuten-Chart und der 15-Minuten-Chart. Mit beiden lassen sich bereits aussagekräftige Trends erkennen. Die Zeitintervalle können dabei so gelegt werden, dass eine rechtzeitige und vor allem erfolgreiche Reaktion erfolgen kann. Insbesondere für Daytrading-Neulinge sind diese Zeitintervalle bestens geeignet.

4.2 ÜBER-/UNTERGEORDNETER TREND BEI ZEITEINHEITEN

Sie haben sich auf eine oder mehrere Zeiteinheiten festgelegt, um daraus Trends zu bestimmen. Dabei kann die Festlegung einer Zeiteinheit andere/weitere Zeiteinheiten beinhalten, die entweder ein höheres oder niedrigeres Intervall besitzen.

Beispiel:

Sie wollen im Daytrading zukünftig zwei Zeiteinheiten als Informationsquelle nutzen:

- Zeiteinheit 1 = M15 (15-Minuten-Chart).
- Zeiteinheit 2 = H1(1-Stunden-Chart).

Die Zeiteinheit 1 beinhaltet in ihrer Kursberechnung und Darstellung die Zeiteinheiten Tick-Chart, M1, M5 und M10. In diesem Fall betrachtet man diese Zeiteinheiten im Verhältnis zu Ihrer gewählten Zeiteinheit als untergeordnet. Bei Ihrer gewählten Zeiteinheit H1 sind untergeordnet die Zeiteinheiten Tick-Chart, M1, M5, M10, M 15 und M 30.

Im Umkehrschluss werden als übergeordnet alle Zeiteinheiten bezeichnet, die längere Betrachtung aufweisen, bei Ihrer Zeiteinheit M15 folglich M30, H1 und H4, zusätzlich auch die für das Daytrading eher ungeeigneten Zeitintervalle D1, W1 und MN und bei Ihrer Zeiteinheit H1 die Einheiten H4, D1, W1 und MN.

Warum ist diese Konstellation so wichtig?
Die Zeiteinheiten stehen in einem engen Verhältnis. Nehmen wir einmal an, Ihre bevorzugte Zeiteinheit für den Handel ist der 15-Minuten-Chart (M15). Dann kann es sinnvoll sein, in besonderen Fällen parallel auch den 1-Minuten-Chart im Blickfeld zu haben. Mit dieser Zeiteinheit können Sie dann den richtigen Zeitpunkt für den Kauf bzw. Verkauf noch besser einschätzen. Konzentrieren Sie Ihre Handelsaktivitäten eher auf den 1-Stunden-Chart, können Sie individuell die untergeordneten Zeiteinheiten zu Hilfe ziehen. So können Sie erkennen, ob der Trend eine kurz- oder langfristige Bewegung aufweist. Dies wiederum kann Auswirkungen auf die Entscheidung Ihrer Handelsdauer haben. Zeigt z. B. der 1-Stunden-Chart einen zwar langen, aber hohen Kursanstieg an, wird dies auch kurzfristig zu beobachten sein. So können Sie dann, um das Risiko, den richtigen Termin zum Verkaufen bei der Zeiteinheit H1 nicht zu verpassen, von Ihrer favorisierte Zeiteinheit M15 individuell in die Zeiteinheit M 30 wechseln. Möglicherweise ist dann der Gewinn etwas niedriger, aber auf jeden Fall sicherer.

Warum handelt man dann nicht gleich in der höchsten Zeiteinheit?
Diese Frage ist durchaus berechtigt und die Antwort lautet: Damit Sie sich nicht unnötig mit unattraktiven Kursentwicklungen und ständigen Einschätzungen beschäftigen müssen. Daher kann die vorherige Darstellung auch nicht pauschal für jeden Trend herangezogen werden. Ein Trend könnte sich auch kurzfristig auf seinen höchsten Kurs entwickeln, dann längerfristig stabilisieren, um dann wieder abzufallen. Bei dieser Entwicklung macht es absolut keinen Sinn, den entscheidenden Punkt nur aufgrund einer bevorzugten Zeiteinheit nach hinten zu verschieben. Verkaufen Sie an dem Punkt in der Kursentwicklung, den Sie

für den erfolgreichsten einschätzen. Denken Sie daran: Sie agieren als Daytrader und Ihr Erfolg liegt in der Kurzfristigkeit, in der gezielten Auswahl des richtigen Kauf- oder Verkaufspunktes.

Wichtig:
Der Trend einer Kursbewegung startet immer in den niedrigeren Zeiteinheiten!
Das Ende eines Trends lässt sich immer in den höheren Zeiteinheiten erkennen!
Eine übergeordnete Zeiteinheit ist immer aussagekräftiger als eine untergeordnete Zeiteinheit!

4.3 CHARTANALYSE NACH CHARLES DOW

Durch die neueste Technik können Kursbewegungen, Trends und Charts mittlerweile in Echtzeit auf den meisten Online-Portalen der Broker dargestellt werden. Das Geheimnis eines erfolgreichen Daytradings liegt aber nicht ausschließlich in der Beobachtung von Trendbewegungen, sondern in der Erarbeitung von Analysemethoden, wie z. B. der Chartanalyse und der Umsetzung der daraus gewonnenen Erkenntnisse. Denken Sie immer daran, dass die Reaktionszeiten für Kauf und Verkauf entsprechend kürzer ausfallen.

Der Grundstein für die heute angewandte Chartanalyse wurde bereits Ende des 19. Jahrhunderts gelegt. Der amerikanische Wissenschaftler und Journalist Charles Dow (*06.11.1851, †04.12.1902) entwickelte zusammen mit dem Statistiker Edward Jones (*07.10.1856, †16.02.1920) einen umfassenden Aktienindex zur besseren Beurteilung von Aktienwerten und ihrer Bewegung. Dieser Index ist noch heute bekannt als „Dow-Jones-Index“, das bekannteste Börsenbarometer in den Vereinigten Staaten von Amerika und gleichzeitig Leitindex für alle anderen Börsenindizes auf der Welt. Dieser Index basiert auf theoretisch immer wiederkehrenden Bewegungen einer Aktie innerhalb einer Zeitachse. Die damaligen Überlegungen von Charles Dow sind noch heute aktuell und finden sich in den unterschiedlichen Varianten der Chartanalyse wieder.

Charles Dow beobachtete die bereits beschriebenen Aufwärts-, Abwärts- und Seitwärtstrends (siehe Kapitel 3.4), bewertete diese als Trendrichtungen, spezifizierte sie aber zusätzlich in drei Klassifikationen, die ebenfalls für die Entwicklung eines Kurses bedeutend sind. Diese Klassifikationen bestehen aus dem:

- Primärtrend (in der nachfolgenden Grafik **rot** gekennzeichnet)

Hierbei handelt es sich um eine Trendform, die bei einer Chartdarstellung nicht geradlinig verläuft, sondern durch eine Vielzahl von Aufwärts- und Abwärtsbewegungen unterbrochen wird. Der zeitliche Verlauf eines Primärtrends beträgt mindestens ein Jahr.

- Sekundärtrend (in der nachfolgenden Grafik **grün** gekennzeichnet)

Hierbei handelt es sich um die Aufwärts- bzw. Abwärtsbewegungen innerhalb eines Primärtrends. Sie haben eine zeitliche Begrenzung von ein bis maximal sechs Monaten.

- Tertiärtrend (in der nachfolgenden Grafik **schwarz** gekennzeichnet)

Hierbei handelt es sich um die Aufwärts- bzw. Abwärtsbewegungen innerhalb eines Sekundärtrends. Sie haben eine zeitliche Begrenzung von einer Stunde bis maximal einem Monat.

Darstellung der Trends nach Charles Dow

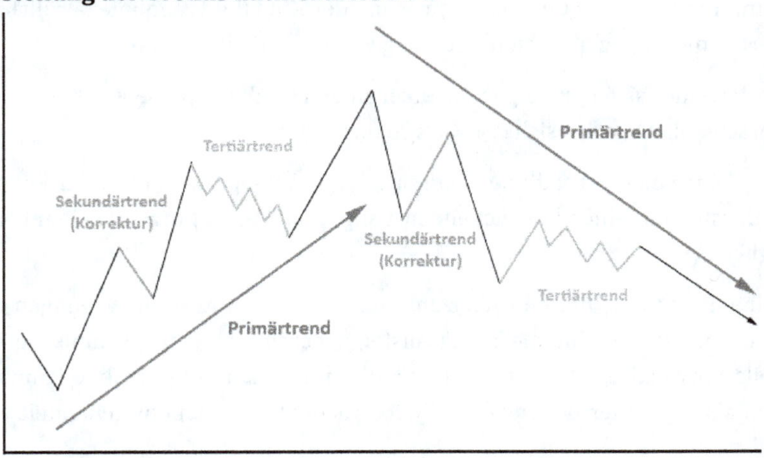

Für Sie als Daytrader kommt für das Handeln in erster Linie der Tertiärtrend aufgrund seiner kurzen Zeiteinheiten infrage.

4.4 AUSSAGEKRAFT VON TRENDLINIEN

Wie bereits beschrieben, ist die einfachste Kennzeichnung innerhalb eines Charts die Verbindung von mindestens zwei Fixpunkten mit einer imaginären Trendlinie. Im optimalen Fall lassen sich mehr als zwei Fixpunkte miteinander verbinden.

Diese Konstellation lässt bereits erste Aussagen über eine Kursentwicklung zu. Je mehr Fixpunkte allerdings verbunden werden können, desto höher ist auch die Aussagekraft des Trends, da sich vermutlich der Neigungswinkel der Trendlinie abschwächt. Dadurch sind negative, aber auch positive Signale besser erkennbar und haben Auswirkungen auf Ihre Trendanalyse.

Folgende Kernaussagen sollten Sie auf jeden Fall bei Ihrer Analyse berücksichtigen:

- Die Aussagekraft einer Trendlinie steigt an, desto häufiger sie vom eigentlichen Kurs berührt (getestet) wird.
- Eine Testung erfolgt immer dann, wenn der Kurs die Trendlinie berührt und sofort in die entgegengesetzte Richtung weiter verläuft.
- Je extremer sich der Neigungswinkel einer Trendlinie präsentiert, desto unwahrscheinlicher wird sich der Kurs so fortsetzen.
- Die Länge einer Trendlinie bestimmt deren Aussagekraft. Im Daytrading ist die Darstellung einer ausreichenden Länge nur durch kürzere Zeiteinheiten möglich.
- Eine Trendlinie, die eine Vielzahl von Auf- und Abwärtsbewegungen aufweist, aber in der Summe stetig ansteigt, beschreibt eine dynamische und stabile Entwicklung des Kurses. Der Kauf und Verkauf dieser Aktie kann von Ihnen als Daytrader bei täglicher Neubetrachtung problemlos gehandelt werden.

4.5 WIDERSTÄNDE UND UNTERSTÜTZUNGEN EINES TRENDS

Wenn Sie sich einen Trend genauer betrachten, werden Sie in den seltensten Fällen eine kontinuierlich gleichbleibende Kursentwicklung, gleich, ob Aufwärts- oder Abwärtstrend, feststellen. Im Gegenteil! Sie werden eine Kursentwicklung mit unzähligen Hoch- und Tiefständen vorfinden. Unter Tradern werden diese Punkte als

- Widerstand = Der Aufwärtstrend stoppt, erfährt in seiner Kursentwicklung einen Widerstand und der Abwärtstrend beginnt.
- Unterstützung = Der Abwärtstrend stoppt, erfährt in seiner Kursentwicklung eine Unterstützung und der Aufwärtstrend startet.

Insbesondere beim Daytrading ist es besonders wichtig, diese Punkte rechtzeitig zu analysieren. Durch die geringe Zeitspanne, in der Sie als Daytrader handeln, kann das Verpassen des Widerstands-Punktes zu Verlusten führen. Demgegenüber würden Sie beim Verpassen des Unterstützungspunktes weniger Gewinn einfahren.

Beispiel von Widerstand/Unterstützung bei einem Aufwärtstrend

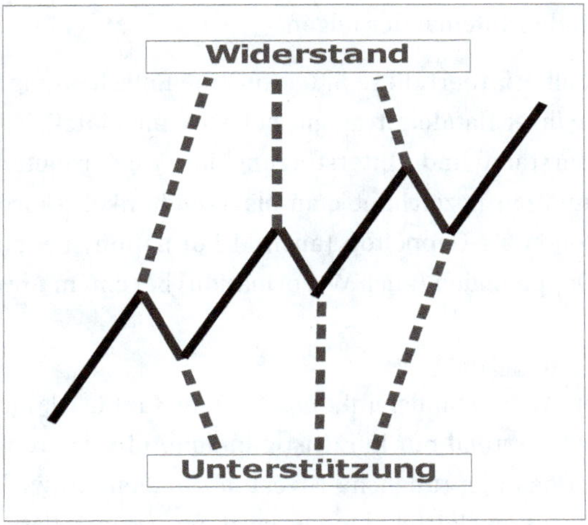

Beispiel von Widerstand/Unterstützung bei einem Abwärtstrend

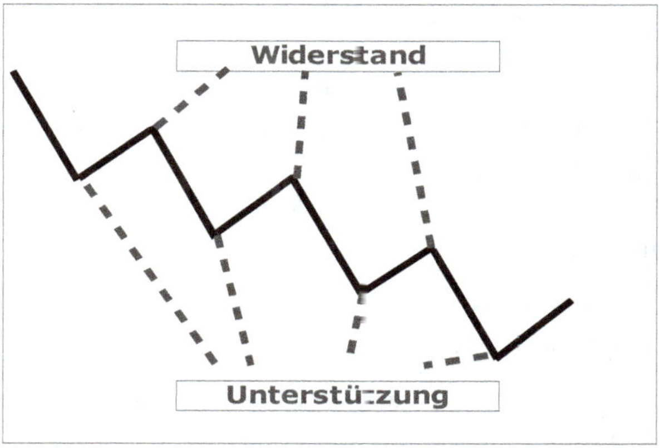

4.6 FORMEN VON TRENDWENDEN

Die Kenntnisse von Widerstand und Unterstützung wären allerdings umsonst, wenn das Markieren dieser Punkte nur für eine optische Anzeige genutzt wird. Es müssen daraus Tendenzen sichtbar werden, die Ihre Entscheidungen als Daytrader beeinflussen. Nicht umsonst werden daher die Punkte „Widerstand" und „Unterstützung" auch als Trendwende angesehen, insbesondere, wenn Sie in kurzen Abständen aufeinander folgen.

Auf jeden Fall erfordert diese Situation eine Entscheidung für die zukünftige Ausrichtung Ihrer Handelsstrategie, bei der dann plötzlich die angestammten Punkte „Widerstand" und „Unterstützung" ihre zugeordneten Rollen vertauschen. Diese Situation bezeichnet man als Trendumkehr-Formation und die vertauschten Rollen als Doppeltop (auch M-Formation) bei einem Aufwärtstrend bzw. als Doppelboden (auch W-Formation) bei einem Abwärtstrend.

Doppeltop (M-Formation)
Besteht an einem Widerstandspunkt nicht genug Kaufdruck für die Aktie, entwickelt sich der Kurstrend nur kurzfristig in den Aufwärtstrend, um anschließend wieder auf das ursprüngliche Niveau abzufallen. Entwickelt sich dieser Trend darauf erneut im gleichen Modus, wird diese Konstellation in der Chart-

Darstellung als Doppeltop bezeichnet. Da der Doppeltop dem Buchstaben „M" gleicht, wird er auch gerne als M-Formation benannt.

Grafisches Beispiel Doppeltop (M-Formation)

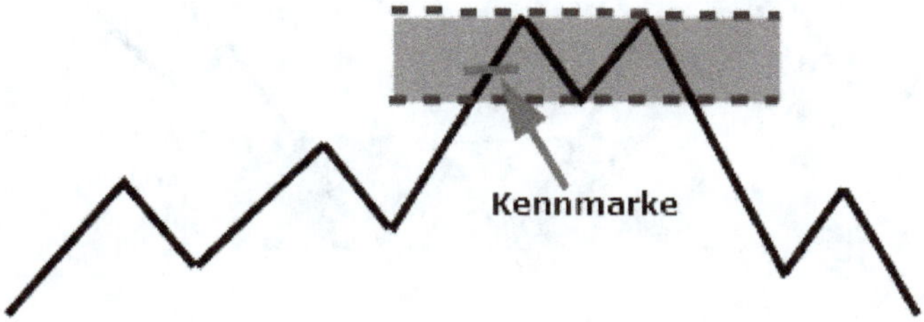

Sie können als Daytrader bei einer derartigen Konstellation zwei Möglichkeiten in Betracht ziehen, um über Ihre weitere Handelsstrategie zu entscheiden:

1. Zu Beginn eines erkennbaren Doppeltops setzen Sie eine Kennmarke kurz über dem letzten, aber nicht dem aktuellen Höchstpunkt. Diese Kennmarke bezeichnet man, obwohl im Aufwärtstrend befindlich, als Zwischentief. Sollte die Kursentwicklung dieses Zwischentief erneut erreichen, könnten Sie als risikobereiter Daytrader dem Broker den Auftrag erteilen, lediglich einen Teil Ihrer Aktien zu verkaufen, den anderen Teil aber vorerst zu halten, um die Kursentwicklung weiterhin zu beobachten.

2. Als risikoarmer Daytrader sollten Sie jetzt dem Broker den Auftrag erteilen, das komplette Aktienpaket zu verkaufen. Im günstigsten Fall beenden Sie diesen Handel mit einem kleinen Gewinn, im ungünstigsten Fall mit einem ausgeglichenen Ergebnis.

<u>Doppelboden (W-Formation)</u>

Hierbei handelt es sich eigentlich um das Spiegelbild vom Doppeltop, allerdings in der negativen Ausrichtung. Die Kursentwicklung fällt auf einen Tiefstwert, steigt dann wieder kurz an, um anschließend erneut auf den vorherigen

Tiefstwert zurückzufallen. Grafisch dargestellt entspricht ein Doppelboden dem Buchstaben „W“, daher auch die Bezeichnung W-Formation.

Grafisches Beispiel Doppelboden (W-Formation)

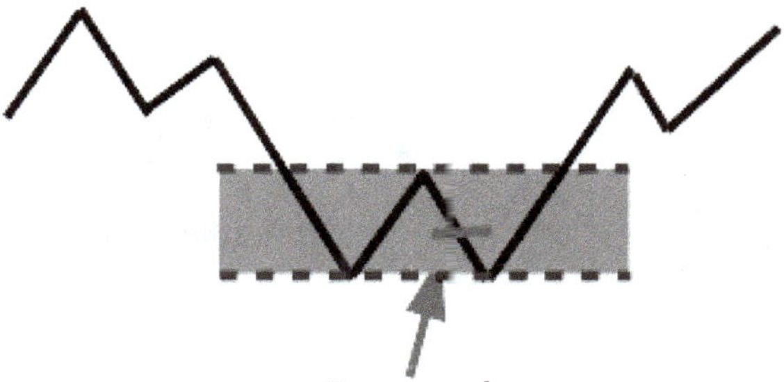

Auch in dieser Konstellation müssen Sie als Daytrader eine Entscheidung für Ihre weitere Handelsstrategie treffen und auch in diesem Fall stehen zwei Möglichkeiten zur Auswahl.

1. Zu Beginn eines erkennbaren Doppelbodens setzen Sie erneut eine Kennmarke, diesmal aber über dem letzten Tiefpunkt. Diese Kennmarke bezeichnet man, obwohl im Abwärtstrend befindlich, als Zwischenhoch. Sollte die Kursentwicklung dieses Zwischentief erneut erreichen, könnten Sie als Daytrader, um ein Verlustrisiko zu vermeiden, dem Broker den Auftrag erteilen, Ihren gesamten Aktienbestand zu verkaufen.

2. Als risikobereiter Daytrader lassen Sie über den Broker lediglich den halben Aktienbestand verkaufen, um mit dem Rest die Kursentwicklung zu beobachten. Im optimalen Fall lässt sich noch ein kleinerer Gewinn erzielen, im ungünstigsten Fall erleiden Sie für die Hälfte Ihres Aktienbestandes einen Verlust. Sollten Sie aber beim vorherigen Verkauf der Hälfte der Aktien einen Gewinn verzeichnet haben, könnten sich beide Ergebnisse im günstigsten Fall neutralisieren und Sie gehen mit einem ausgeglichenen Ergebnis aus diesem Handel heraus.

5 Charts

Um mit Daytrading erfolgreich zu sein, ist neben Ihrem persönlichen Trading-Stil auch Ihr Vorsprung an Informationen wichtig. Dafür stehen Ihnen u. a. eine Vielzahl von Charts zur Verfügung. Charts stellen den Kursverlauf eines Finanzproduktes über einen bestimmten Zeitraum grafisch dar und stehen Ihnen als Hilfsmittel für Entscheidungen zur Verfügung. Im Regelfall sind diese Chartdarstellungen in nachfolgenden Zeiträumen dargestellt:

- Tage/Woche
- Wochen/Monat(e)
- Wochen/Monat(e)/Jahr(e)

Diese langfristigen Darstellungen sind für Sie als Daytrader eher ungeeignet. Doch mittlerweile stellen Broker auf Ihren Plattformen spezielle Charts, ausschließlich für das Daytrading, zur Verfügung. Das ändert allerdings nichts an dem strukturellen Aufbau dieser Charts. Sie geben lediglich die grafische Darstellung eines Kurses in kürzeren Zeiträumen wieder. Im Grundaufbau besteht jeder Chart aus einer ...

- X-Achse = Anzeige des Kursverlaufes und des Kurswertes
- Y-Achse = Anzeige des Zeitraumes
- Kurslinie = Anzeige des Kursverlaufs

Die Anzeige/Kennzeichnung einer Trendlinie muss immer manuell erfolgen, da hier persönliche Einschätzungen einfließen.

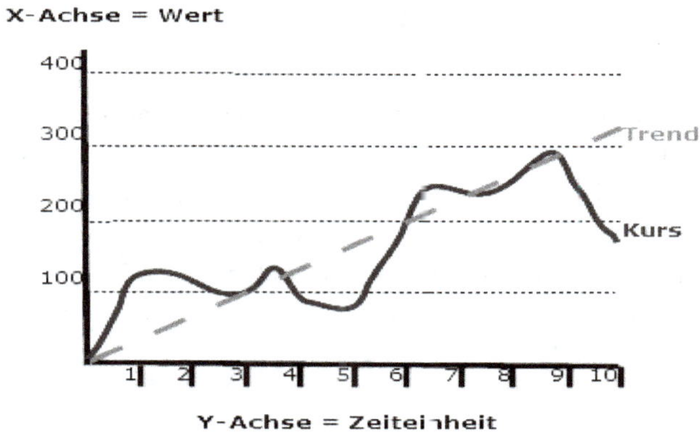

5.1 CHART-TYPEN

5.1.1 Der Linienchart

Beim Linienchart handelt es sich um die gängigste, aber auch einfachste Form eines Chart-Typs. In den Grafiken der vorherigen Kapitel wurde dieser Chart-Typ daher auch, aufgrund der Einfachheit, stets für eine grafische Darstellung verwendet. Liniencharts sind allerdings nur bedingt aussagefähig und werden deshalb von alten „Börsianern" auch gerne als ungenaue Chartdarstellungen bezeichnet. Diese Einschätzung basiert darauf, dass Liniencharts Kurse nur zu einem bestimmten Zeitpunkt fixieren. Im Regelfall handelt es sich dabei immer um den Schlusskurs des Tages. Kursschwankungen innerhalb eines Handelstages sind in diesem Chart nicht ersichtlich. Trotzdem gibt es auch unzählige Befürworter dieses Chart-Typs. Für Trader, die die Ansicht vertreten, dass zwischenzeitliche Kursbewegungen unbedeutend sind und nur der Schlusskurs aussagekräftig ist, und die auch ein längerfristiges Trading betreiben, bevorzugen diesen Chart-Typ. Für das Daytrading sind Liniencharts dagegen eher ungeeignet.

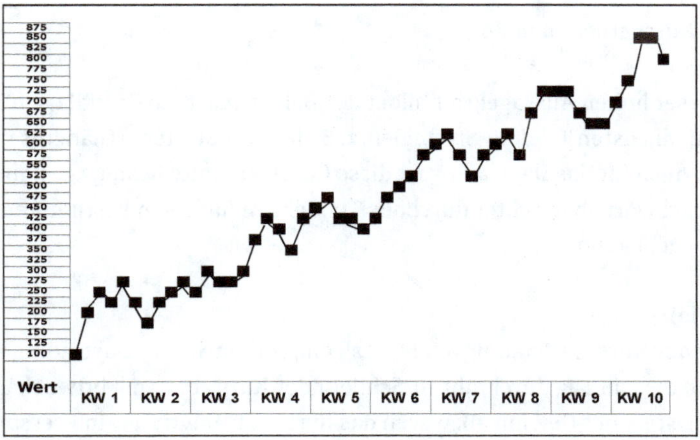

Bei einer Variante des klassischen Liniencharts werden in der Grafik die täglichen Schlusspunkte mit einem kleinen Quadrat oder Kreis kenntlich gemacht (siehe nachfolgende Grafik).

5.1.2 Der Balken-Chart (OHLC-Chart)

Anders sieht es bei einem Balkenchart aus. Dieser Typ ist komplexer aufgebaut, da neben dem Schlusskurs auch der Eröffnungskurs, das Tageshoch und das Tagestief berücksichtigt werden. Die grafische Darstellungsweise erfolgt als senkrechter Balken pro Tag.

Zwei dieser vier Kurspunkte sind dabei fixiert (Eröffnungs- und Schlusskurs), die anderen zwei werden variabel ermittelt (Tageshoch bzw. Tagestief). Variabel bedeutet dabei, dass jeder dieser beiden Kurspunkte zu jeder Zeit des Handelstages eintreten kann, wobei der Zeitpunkt völlig unwichtig ist. Ausschließlich der erreichte Wert ist wichtig. Die Länge eines Balkens entspricht der Tagesdifferenz zwischen dem Eröffnungs- und Schlusskurs. Beide Punkte werden am Balken mit kleinen Querstrichen gekennzeichnet, und zwar:

- Der Eröffnungskurs jeweils links am Balken.
- Der Schlusskurs jeweils rechts am Balken.

Zusätzlich wird der Balken generell farbig im Chart angezeigt:

- Bei Kursgewinnen in Grün.
- Bei Kursverlusten in Rot.

Mit dieser hohen Aussagekraft bildet der Balkenchart die Grundlage für die unterschiedlichsten Trading-Strategien, z. B. der Gap-Strategie (näheres in Kapitel 5.2.1). Auch für das Daytrading ist diese Chart-Variante bestens geeignet, da sie auch rückwärts betrachtet durchaus Tendenzen für einen bestimmten Tag widerspiegeln kann.

Beispiel:
Bricht der Kurs z. B. ständig am Montag ein sollten Sie ein Daytrading nicht gerade an diesem Tag durchführen. Schließt der Kurs aber am Mittwoch und Donnerstag stets mit Gewinn ab, wären das für Sie als Daytrader interessante Handelstage.

Nachfolgend die Darstellung eines positiven (grün) und negativen (rot) Balkens aus einer Chartanzeige:

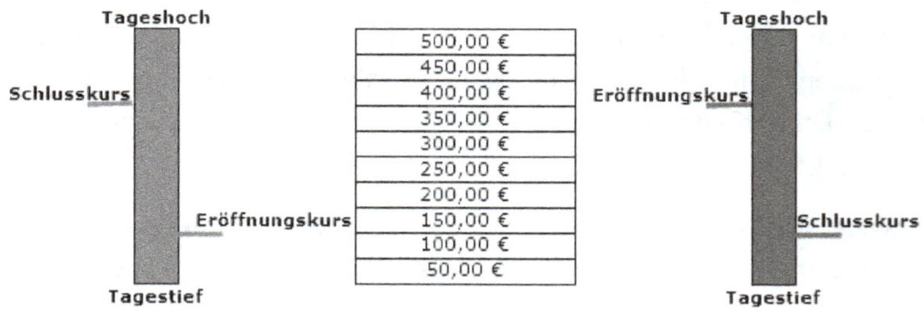

Beschreibung positiver Tageskurs: Sie erkennen, dass sich das Tageshoch zwar bei 500,00 € befindet, der Schlusskurs sich aber bei 400,00 € eingependelt hat. Damit liegt er aber über dem Eröffnungskurs und hat Gewinn erbracht. Im Chart wird der Balken daher in Grün angezeigt. Das Tagestief ist bei dieser Betrachtung irrelevant.

Beschreibung negativer Tageskurs: Hierbei erkennen Sie, dass sich das Tageshoch zwar auch bei 500,00 € befindet und damit über dem Eröffnungskurs liegt, der Schlusskurs sich aber unter dem Eröffnungskurs bei 150,00 € eingependelt hat. Im Chart wird der Balken daher in Rot angezeigt. Das Tagestief ist bei der Betrachtung irrelevant.

Ein Balkenchart wird in Fachkreisen häufig auch als OHLC-Chart bezeichnet. In dieser Abkürzung verbergen sich die im grafischen Balken hinterlegten vier Eckpunkte:

- „O" steht für „Open". Bezeichnet den Eröffnungskurs
- „H" steht für „High". Bezeichnet das Tageshoch
- „L" steht für „Low". Bezeichnet das Tagestief
- „C" steht für „Close". Bezeichnet den Schlusskurs

5.1.3 Der Kerzen-Chart (Candle Stick Chart)

Kerzencharts sind im Grundsatz ähnlich der Balkencharts aufgebaut. Der Unterscheid liegt aber darin, dass mit einem Kerzenchart primär keine Kursverläufe, sondern gleich eine komplette Strategie für das Trading abgebildet wird. Wie der Name schon verrät, wird zur Darstellung einer Kursbewegung ein Körper in Kerzenform genutzt. Sie erkennen in der Charteinstellung einen Kerzenkörper, dessen Größe (Höhe) sich aus der Differenz vom Eröffnungs- und Schlusskurs bildet. Auch hierbei wird mit den Farben Grün (gestiegener Kurs) und Rot (gefallener Kurs) gearbeitet und die beiden Fixpunkte Eröffnungs- und Schlusskurs wechseln, analog dem Balkenchart, je nach Kursentwicklung ihre Position. Oberhalb und unterhalb des Kerzenkörpers ragt jeweils eine Linie, wie ein kerzenähnlicher Docht, heraus. Die Längen dieser Dochte zeigen die Schwankungen während des betrachteten Kursverlaufes an. Die so dargestellten Chartformationen bilden die Grundlage für die unterschiedlichsten Trading-Strategien. Diese Chartformation ist analog zum Balkenchart für das Daytrading umsetzbar. Auch hier kann der Kurs rückwärtig betrachtet werden, sodass kurzfristige Strategien entwickelt werden können.

Darstellung einer positiven (grün) und negativen (rot) Kerze aus einer Chartanzeige

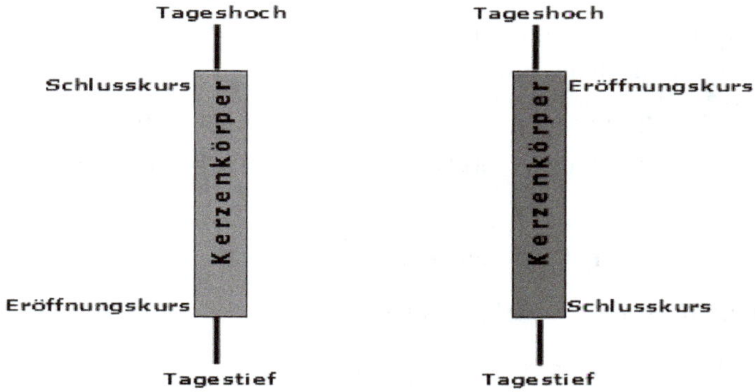

Diese Chartformation ist bestens für das Daytrading einsetzbar, da im Unterschied zum Balkenchart während eines Handelstages nicht ein Mal pro Tag eine grafische Darstellung erfolgt, sondern mehrmals in kleineren Zeiteinheiten über den Tag verteilt. Die gängigste Zeiteinheit ist ein 15 Minuten-Takt. Es können aber auch alle beliebigen Zeiteinheiten eingestellt werden. Welche Zeiteinheit Sie als Daytrader nutzen wollen, müssen Sie selbst bestimmen. Denken Sie aber daran, dass, je umfangreicher ein Chart dargestellt wird, er seinen aussagekräftigen Nutzen verlieren kann und stattdessen verwirrend wird. Am Ende des Handelstages wird aus den einzelnen Kerzen eine abschließende „Tageskerze" dargestellt. Das ist für Sie als Daytrader unwichtig, da Sie ab diesem Zeitpunkt eh nicht mehr handeln können. Für den folgenden Handelstag wird es, wie beschrieben, erneut angezeigt.

Beispiel:
Bei einem durchschnittlichen Handelstag an der Frankfurter Börse (08:00-16:30 Uhr) würden bei einem 15 Minuten-Takt insgesamt 35 Kerzen gebildet, bei einer Taktung von 10 Minuten bereits 52 Kerzen.

Darstellung unterschiedlicher Candle Stick Charts für 1 Stunde

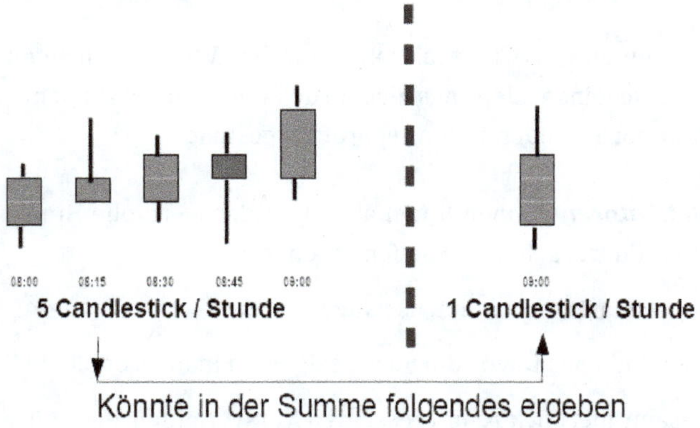

5.2 TRADING-INDIKATOREN

Unter einem ***Trading-Indikator*** versteht man eine Berechnungsformel, mit der vorzugsweise Candle Stick Charts in ihrer Kursvergangenheit betrachtet und analysiert werden können. Die Analysen beziehen sich dabei auf berechenbare Wahrscheinlichkeiten, mit denen die richtigen Zeitpunkte für einen Kauf bzw. Verkauf angezeigt werden. Bei den Tradern ist die Arbeit mit Indikatoren sehr beliebt. Die Auswertung bedarf zwar einen etwas höheren Zeitaufwand, der aber durch eine nahezu garantierte Gewinnmitnahme ausgeglichen wird, gleich, ob angezeigte Ein- oder Ausstiegssignale umgesetzt wurden.

Trading-Indikatoren können Sie in unterschiedlichen Varianten verwenden. Die am häufigsten genutzten sind:

- Oszillatoren (siehe Kapitel 5.2.2)
- Tendenzindikatoren (siehe Kapitel 5.2.2)
- Volumenindikatoren

Diese Indikatoren analysieren ausschließlich das Handelsvolumen, z. B.:

- Liegen attraktive Preis für einen Ankauf vor?
- Ist der aktuelle Preis für einen erfolgreichen Verkauf angebracht?

- Fundamentalindikatoren

Hiermit können einzelne Transaktionen auf ihre Wirtschaftlichkeit analysiert werden. Sie erscheinen allerdings nicht in den üblichen Charts, sondern werden aufgrund der vorliegenden Daten separat dargestellt.

Trading-***Indikatoren*** können Ihnen als Daytrader wertvolle Hinweise bei der Analyse eines Charts geben. Sie helfen Ihnen u. a.,

- den Handelsmarkt richtig einzuschätzen.
- für Ihr persönliches Daytrading das geeignete Finanzprodukt zu finden.
- einen Gesamtüberblick zu interessanten Kursverläufen zu ermöglichen.
- die richtigen Ein- bzw. Ausstiegssignale zu finden und festzulegen.

5.2.1 Gleitende Durchschnitte

Mit einem gleitenden Durchschnitt wird der Kurs eines Finanzproduktes über festgelegte Zeitspannen beobachtet. Diese Zeitspannen beziehen sich auf unterschiedliche Längen, die nach einer Auswertung übereinandergelegt werden, um daraus im Ergebnis einen durchschnittlichen Trend (Kurs) zu ermitteln. Dieser Trend (Kurs) wird danach in einem Chart angezeigt. Die Zeitspannen beziehen sich im Regelfall auf Perioden von 38, 100 oder 200 Tagen. Sie lassen sich aber auch problemlos mit anderen Zeiteinheiten ermitteln. Wenn über längere Zeiträume beobachtet wird, kann man davon ausgehen, dass sich der Trend (Kurs) gleitend entwickelt, daher die Bezeichnung gleitender Durchschnitt.

Mit dem gleitenden Durschnitt eines Finanzproduktes lassen sich Entscheidungen, z. B. Ein- und Ausstiegspunkte, Höhe des Kapitaleinsatzes oder, für Daytrader durchaus interessant, ob der Trade nur eine Stunde oder entsprechend länger dauern soll, treffen. Für Sie als Daytrader können die Ergebnisse aus der langfristigen Beobachtung des Kurses hervorragend für ein kurzfristiges Trading genutzt werden.

Wie erwähnt, können gleitende Durschnitte mit unterschiedlichen Zeiträumen ermittelt werden. Alle finden aber ihre Basis in zwei grundsätzlichen Varianten:

➢ Einfacher gleitender Durchschnitt (SMA)

➢ Exponentieller gleitender Durchschnitt (EMA)

1. Einfacher gleitender Durchschnitt (SMA = Simple Moving Average)

Hierbei handelt es sich nicht nur um die älteste, sondern, wie die Bezeichnung andeutet, um die einfachste Variante einer Chartdarstellung. Selbst als Charts noch per Hand gezeichnet wurden, wurde der gleitende Durchschnitt bereits für Handelsstrategien hinzugezogen. Für die Ermittlung des gleitenden Durchschnitts wird der jeweilige Tageshöchstwert innerhalb eines gewählten Zeitraumes genutzt. Der gewählte Zeitraum wird dabei strikt eingehalten, indem bei einem neuen Tageswert der älteste Tageswert gelöscht wird.

Beispiel Zeitraum bei einem Betrachtungszeitraum von 200 Tagen

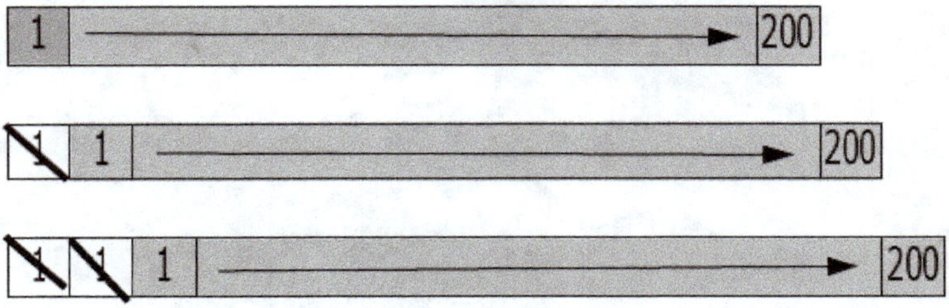

Angezeigt wird der gleitende Durchschnitt zwar als separate Kurslinie, die Errechnung erfolgt allerdings im Hintergrund gemäß folgender Formel:

Summe aller Tages-Schlusskurse innerhalb des Berechnungszeitraumes *geteilt durch* *Anzahl der Handelstage innerhalb des Berechnungszeitraumes*

Be der grafischen Darstellung des gleitenden Durchschnitts ergeben sich zwei Möglichkeiten der Linienführung, die mit speziellen Fachausdrücken beschrieben werden:

➢ Der gleitende Durchschnitt tendiert nach oben = Bullisch.

Dieser Ausdruck wird abgeleitet von einem Tier, dem Bullen. Der Bulle hat mächtige Hörner, mit denen er von unten nach oben drücken kann. So wurde der Bulle im Börsengeschäft zum allgemeinen Symbol steigender Kurse.

- Der gleitende Durchschnitt tendiert nach unten = Bärisch.

Auch dieser Ausdruck wird von einem Tier abgeleitet, dem Bären. Die Eigenart eines Bären ist, dass er mit seinen Tatzen stets von oben nach unten greift, daher auch seinen Blick meistens nach unten richtet. So wurde der Bär im Börsengeschäft zum allgemeinen Symbol fallender Kurse.

Bärenmarkt

Bullenmarkt

2. Exponentieller gleitender Durchschnitt (EMA = Exponential Moving Average)

Hierbei handelt es sich um eine Erweiterung des gleitenden Durchschnitts (SMA). Auch hierbei wird der Zeitraum stets beibehalten, indem jeweils der älteste Tag gelöscht wird. Allerdings fließen nicht nur die Tagesschlusskurse in die Berechnung ein, sondern sämtliche vorliegende Kurspositionen, die sich im Laufe des Handelstages aus Auf- und Abwärtsbewegungen ergeben. EMAs können auch über einen kürzeren Zeitraum (unter 38 Tagen) als SMAs berechnet werden.

Angezeigt wird der exponentielle Durchschnitt auch als separate Kurslinie, die Errechnung erfolgt ebenfalls im Hintergrund gemäß folgender Formel.

Summe aller Kurswerte pro Tag innerhalb des Berechnungszeitraumes
geteilt durch
Anzahl der Handelstage innerhalb des Berechnungszeitraumes

Tipp:
EMAs sind für Ihr Daytrading besser geeignet, da sie über mehr verfügbare Einzeldaten und für einen kürzeren Zeitrahmen berechnet werden.

Weitere bekannte Indikatoren sind:

Bollinger Bänder

Bollinger Bänder bestehen aus insgesamt drei Bändern (Linien), die auf einen aktuellen Kurs gelegt werden. Das mittlere Band entspricht dem gleitenden Durchschnitt (Berechnungsbasis mindestens 20 Handelstage). Für die Kennzeichnung des oberen Bandes wird die Abweichung des Kurses mit dem Wert des gleitenden Durchschnitts (Mittleres Band) summiert. Bei dem unteren Band erfolgt genau das Gegenteil. Der gleitende Durchschnitt wird von der Abweichung des Kurses mit dem Wert des gleitenden Durchschnitts (Mittleres Band) subtrahiert.

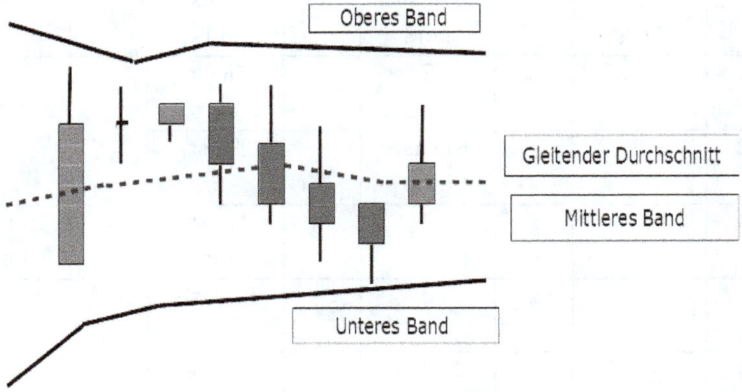

Im Bereich zwischen dem oberen und unteren Band werden Schwankungen des Kurses erwartet. Gleichzeitig wird mit diesem Bereich die ***Volatilität*** des Marktes angezeigt. Dabei gibt es zwei Möglichkeiten:

➢ Liegen die Bänder parallel, aber dicht beieinander, wird die Volatilität niedrig eingestuft.

➢ Liegen die Bänder parallel, aber weit auseinander, wird die Volatilität hoch eingestuft.

Erweitert sich der Abstand der Bänder im Betrachtungszeitraum, ist entweder eine neue Kursentwicklung eingetreten oder sie steht kurz bevor.

Pivot-Punkte

Hierbei handelt es sich um mathematisch ausgerechnete Punkte in einem Chart, grafisch durch jeweils drei Unterstützungs- bzw. Widerstandslinien dargestellt. Die Unterstützungslinien sind im Chart mit den Kennungen S1, S2 und S3 sichtbar, die Widerstandslinien mit den Kennungen R1, R2 und R3. Über allem steht der Haupt-Pivot-Punkt (P), der aus den drei Parametern Höchstkurs, Tiefstkurs und Schlusskurs des Vortages ermittelt wird.

Die mathematische Errechnung der einzelnen Punkte erfolgt folgendermaßen:

P	Höchstkurs	+	Tiefstkurs	+	Schlusskurs	/	3
R1	P	x	2	-	Tiefstkurs		
R2	P	+	Höchstkurs	-	Tiefstkurs		
R3	P	x	2	-	Tiefstkurs	+	Höchstkurs
S1	P	x	2	-	Höchstkurs		
S2	P	-	Höchstkurs	-	Tiefstkurs		

S3	Tiefst-kurs	-	(2 x (Höchstkurs -Pivot-Punkt))

Die Pivot-Punkte markieren einerseits Wendepunkte in einem Trendverlauf. Liegt der aktuelle Kurs über dem Punkt „P", kann von einer Kurssteigerung ausgegangen werden. Liegt der Kurs unter dem Punkt „P", steht eine Kursverschlechterung bevor.

MACD (Moving Avarage Convergence Divergence)
Der MACD besteht aus einer blauen und einer orangenen Linie. Bei der blauen Linie (MACD-Linie) wird ein exponentieller Durchschnitt von 26 Zeiteinheiten um den exponentiellen Durchschnitt von 12 Zeiteinheiten subtrahiert. Bei der orangenen Linie (Signallinie) wird ein exponentieller Durchschnitt von 9 zugrunde gelegt. In Verbindung mit einer Skala wird dieser Chart unterhalb des eigentlichen Charts dargestellt.

Auf den ersten Blick lässt sich diese Grafik mit den Grafiken eines gleitenden Durchschnitts vergleichen. Interessant wird die Ansicht allerdings dann, wenn sich beide Linien kreuzen. Übersteigt die MACD-Linie (blau) die Signallinie (orange) von unten nach oben, sollten Sie schnell eine Kauforder veranlassen. Hier ist mit einer sicheren Kurssteigerung zu rechnen. Anders sieht es im umgekehrten Fall aus. Kreuzt die blaue Linie die orangene Linie von oben nach unten, sollten Sie möglichst schnell verkaufen. Der Kurs wird mit Sicherheit fallen.

RSI (Relative Strengh Index)
Bei diesem Indikator werden Geschwindigkeit und Richtung eines Kursverlaufes miteinander ins Verhältnis gesetzt. Der RSI weist konstant einen Wert zwischen 0 und 100 auf und setzt für Berechnungen eine 14er Zeiteinheit ein, aus der ein gleitender Durchschnitt errechnet wird. In der grafischen Darstellung werden zwei Signale (Linien) gesetzt, im Regelfall bei den Kennzahlen 30 und 70. Diese Kennzahlen haben sich im Laufe der Jahre bewährt. Sie können aber jederzeit auch andere Kennzahlen einsetzen.

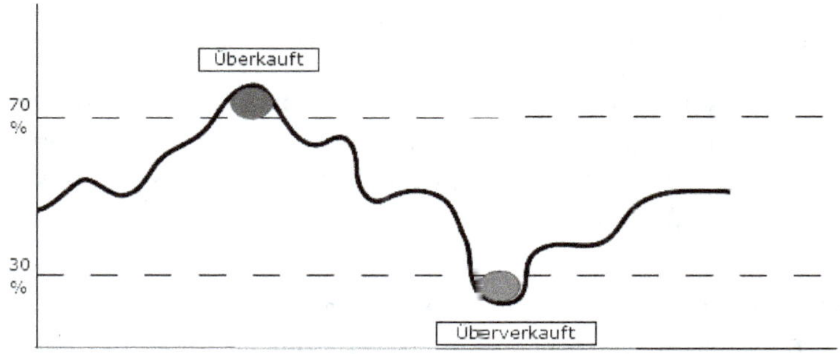

Kursbewegungen im Bereich zwischen 30 und 70 werden als normal bewertet. Bewegungen oberhalb von 70 befinden sich in dem Bereich > Überkaufter Markt <, Bewegungen unterhalb 30 im Bereich > Unterkaufter Markt <. Entscheidend für Ihr Trading sind jetzt die Über- bzw. Unterschreitungen beider Linien durch Auf- und Abwärtstrends. In diesen Fällen sollten Sie über einen Verkauf (Abwärtstrend = Unterschreitung der 70-er-Linie) bzw. einen Ankauf (Aufwärtstrend = Überschreiten der 30er-Linie) nachdenken.

5.2.2 Oszillatoren/Tendenzindikatoren

Der Handel von Finanzprodukten verläuft in der Regel schnell und vor allem dynamisch. Während die gleitenden Durchschnitte dabei die klassischen Bewegungen eines Kurses anzeigen, dienen ***Oszillatoren*** und ***Tendenzindikatoren*** eher dazu, gezielte Aussagen in Form von Kennzahlen zum Handelsprodukt zu treffen. Zu diesen gezielten Aussagen gehört z. B. die Definition eines möglichen Ein- oder Ausstiegs aus dem Handel.

Tendenzindikatoren können dabei mit einem separaten Kursfenster und einer Kennlinie in zwei unterschiedlichen Varianten in einem Chart dargestellt werden.

➢ Variante 1 = Der Indikator wird mit einer eigenen Kennlinie in einer grafischen Darstellung direkt, wie z. B. der gleitende Durchschnitt, angezeigt (siehe Kapitel 5.2.1).

➢ Variante 2 = Der Indikator wird unterhalb einer grafischen Darstellung separat mit einer Kennlinie angezeigt.

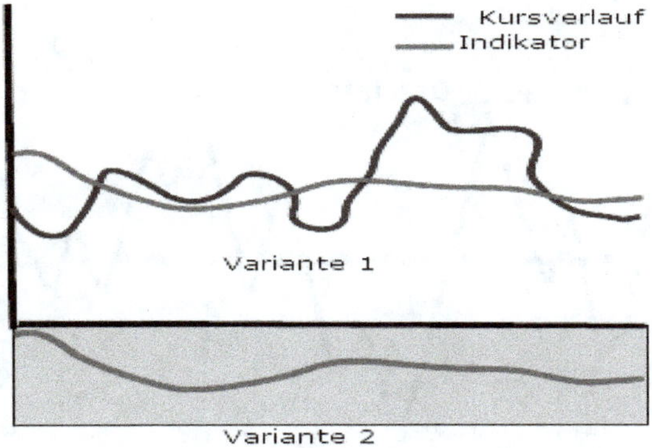

Während Tendenzindikatoren das Ganze eines Kurses betrachten und langfristige Trends anzeigen, konzentrieren sich Oszillatoren dagegen auf die Entwicklung eines Kurses. Dabei werden Oszillatoren als Ausgangspunkte für „normal" entwickelte Kursbewegungen betrachtet. Entstehen jetzt extreme Situationen, z. B. durch übermäßig hohe An- bzw. Verkäufe, und werden diese Ausgangspunkte über- oder unterschritten, bezeichnen Fachleute dies als überkauften Markt bzw. überverkauften Markt. Durch die gesetzten Oszillatoren wird der erfahrene Trader nicht nur rechtzeitig gewarnt, er wird mit diesen Extremen richtig umzugehen wissen und weder in Panik (Verkauf) noch in Euphorie (Ankauf) verfallen.

Die grafische Darstellung von Oszillatoren wird in einem sogenannten Oszillatoren-Band vorgenommen. Die Grafik ist mit einer sogenannten Null-Linie versehen und anstatt der Anzeige eines Kurswertes wird eine prozentuale Abweichung von der „normalen" Kursentwicklung in Plus bzw. Minus angezeigt.

Schaubild Oszillatoren-Band

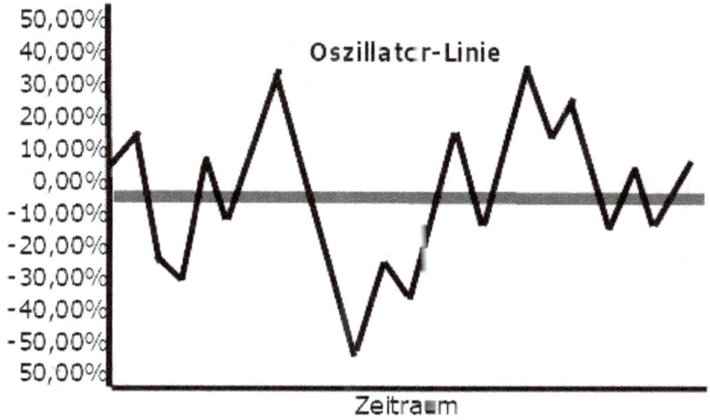

Auf der Y-Achse sind die positiven und negativen Prozentwerte eingetragen, im Schaubild dargestellt in einer Spanne von plus 50 % bis minus 50 %. Die Auswahl dieser Werte ist beliebig, sollte aber plus 200/minus 200 nicht überschreiten.

➢ Die X-Achse bezieht sich auf den Zeitraum. Im Schaubild ist ein Tag gewählt. Auch diese Auswahl ist beliebig, sollte allerdings zur besseren Übersicht nicht mehr als 20-25 Tage betragen.
➢ Bei der Kennzeichnung 0 % zeichnen Sie jetzt eine Linie ein, die parallel zur X-Achse verläuft.
➢ Berechnen Sie jetzt für jeden bezugnehmenden Kurspunkt seinen prozentualen Abstand zum gleitenden Durchschnitt und tragen Sie diesen, entweder mit plus oder mit minus, entsprechend ein.
➢ Verbinden Sie jetzt die einzelnen Punkte. Die daraus resultierende Kurve ist die Oszillator-Linie.

Erkenntnisse:

➢ Oszillatoren ermöglichen Tradern, einen Kursverlauf präzise vorherzubestimmen und entscheidende Szenarien einer Kursentwicklung schneller zu erkennen.

➤ Oberhalb der 0-Linie befinden Sie sich in der sogenannten Kauf-Zone. Als Daytrader sollten Sie jetzt über einen Einstieg in den Handel nachdenken.

➤ Unterhalb der 0-Linie befinden Sie sich in der sogenannten Verkaufszone. Als Daytrader sollten Sie jetzt schnellstmöglich über einen Ausstieg aus dem Handel nachdenken.

Oszillatoren/Tendenzindikatoren lassen sich in den unterschiedlichsten Charts grafisch darstellen. Nachfolgend eine kleine Auswahl:

Momentum

Der Momentum-Indikator ist ein bereits älteres Analyse-Modell, deshalb aber nicht uninteressant. Mit Momentum werden die relativen Kursveränderungen durch eine mathematische Formel errechnet und über eine Zeiteinheit (n) grafisch dargestellt. Die Rechenformel für Momentum lautet:

Momentum = Schlusskurs heute/Schlusskurs vor (n)-Tagen x 100

Die Zeiteinheit „n-Tage" kann innerhalb der Formel individuell festgelegt werden. Kleinere Zeiteinheiten, z. B. bis 30 Tage, ergeben ein kleineres Momentum, größere Zeiteinheiten, z. B. 3-12 Monate ergeben ein längeres Momentum.

Das Ergebnis dieser Rechnung ergibt die sogenannte „0-Linie". Liegt nun ein Punkt über dieser „0-Linie", ist der Kurs aktuell höher als zur ausgewählten Zeiteinheit „n-Tage". Liegt ein Punkt unter der „0-Linie", war der Kurs vor der ausgewählten Zeiteinheit „n-Tage" höher als heute (zum jetzigen Moment!). Im Ergebnis hat sich aber dieser Kurs verschlechtert.

Mit Momentum lassen sich auf einfache Art Trendwenden ausmachen, die bei Über- oder Unterschreitung der „Null-Linie" dem Trader das Signal für einen Kauf bzw. Verkauf geben. Durch seine einfache Struktur ist Momentum bestens für Neueinsteiger im Börsenhandel geeignet.

Momentum zeigt aber auch eine kleine Schwäche. Da sich heutzutage Kurse immer häufiger seitwärts bewegen, dabei die Kursausschläge auch kleiner ausfallen, ergeben sich auch weitaus mehr Schnittstellen. Das erschwert zwangsläufig die Entscheidungen für Kauf bzw. Verkauf. Mit entsprechender Geduld ist aber auch dieses kleine Problem zu meistern.

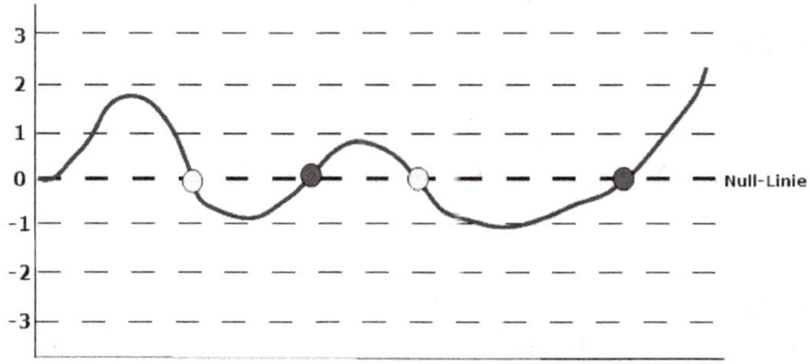

Gelber Kreis = Verkaufssignal/Blauer Kreis = Kaufsignal

5.2 BESONDERE CHARTMUSTER

Sie haben bereits eine Menge Informationen zu Kursen, Trends, Analysen und Charts erhalten und darüber, welche Strategien Sie daraus für Ihr Daytrading entwickeln können. Es gibt aber noch ein weiteres Kriterium, aus dem Sie interessante Rückschlüsse ziehen können – das Chartmuster.

Was sind aber Chartmuster und wo findet man sie in den Charts?
Chartmuster basieren meistens auf geometrische Formen, z. B. auf Rechtecken, Quadraten usw. Suchen Sie in Ihren Charts nach derartigen Mustern und Sie werden sehr schnell feststellen, dass sich beim Betrachten eines ganzen Kurs-/Trendverlaufes diese Muster wiederholen. Betrachten Sie diese Muster dann noch etwas genauer, werden Sie feststellen, dass sie eine ähnliche Struktur aufweisen und sich der Markt meistens nach identischen Regeln verhält. Nachfolgend werden Ihnen einige dieser Muster vorgestellt, die alle auch für ein erfolgreiches Daytrading geeignet sind.

5.2.1 Gaps (Kurslücken)

Mit dem Begriff „Gaps" werden Lücken im Kursverlauf beschrieben. Wie entstehen aber diese Kurslücken? Schließlich ist doch den ganzen Tag über Bewegung im Kurs. Das ist richtig! Im Regelfall entstehen Kurslücken in Phasen, in denen eben nicht gehandelt wird, z. B. nach dem Tageswechsel, aber auch nach einem Wochenende. Gaps entstehen dabei nach zwei Mustern:

1. Bei Eröffnung des Handelstages liegt der Tiefpunkt des aktuellen Tages höher als der Höchststand des Vortages. Es handelt sich um eine Kurslücke nach oben (positiv).

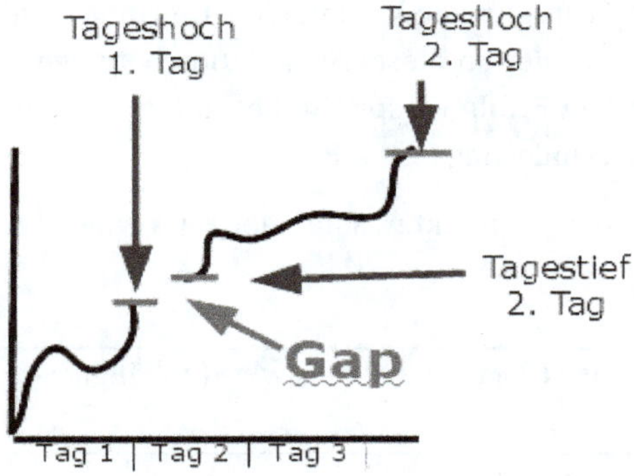

2. Bei Eröffnung des Handelstages liegt der Höchststand des aktuellen Tages niedriger als der Tiefpunkt des Vortages. Es handelt sich um eine Kurslücke nach unten (negativ).

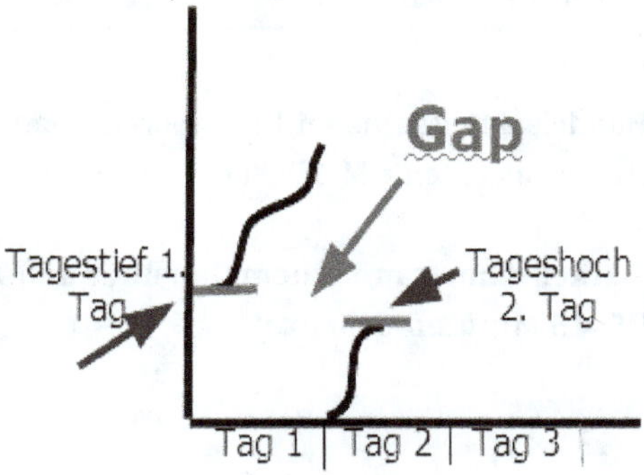

Zur Darstellung von Gaps sind Liniencharts absolut ungeeignet, da sie lediglich den Gesamtverlauf eines Kurses widerspiegeln. Balkencharts dagegen, mit ihrer

Anzeige von Eröffnungs- und Schusskurs sowie dem täglichen Hoch und Tief sind dagegen bestens geeignet. Allerdings sind bei der Verfolgung von Gaps für einen Daytrader Geduld und schlussendlich auch Risikobereitschaft gefordert.

Das „klassische" Beispiel für das Handeln aufgrund eines Gaps:
Sie stellen über einen längeren Zeitraum fest, dass der Tiefpunkt eines Kurses immer am Montag (1. Handelstag nach einem Wochenende) höher liegt als der Höchststand am Freitag vor dem Wochenende. Da im Regelfall alle Gaps geschlossen werden (Verluste wieder aufholen, Gewinne wieder abgeben), können Sie sich als Daytrader an dieser Spekulation beteiligen, die eigentlich nur beim Langzeit-Traden Erfolg verspricht. Legen Sie sich am Wochenende eine Strategie für Ihren Handelstag fest, z. B.:

➢ Festlegung des Ausstiegpunktes, sollte der Kurs wider Erwarten weiter sinken.

Tipp: Maximal minus 10 % vom Einstiegswert (abhängig von der Höhe des Einstiegkurses).

➢ Höhe des einzusetzenden Kapitals.

Tipp: Am Anfang grundsätzlich nur den Wert des Einstiegkurses am Montag früh. Nach entsprechenden Erfahrungen im Daytrading und einer gewissen Risikobereitschaft den Wert des Höchstpunktes vom Freitag.

➢ Zeitdauer Ihrer Handelsaktivität, dabei Risikobereitschaft abwägen (Kursverlauf alle 15 Minuten beobachten = M-15 Chart).

Darstellung eines Balken-Charts mit einem Gap über den Tageswechsel (Chartplattform M-5 = 5 Minuten-Schritte)

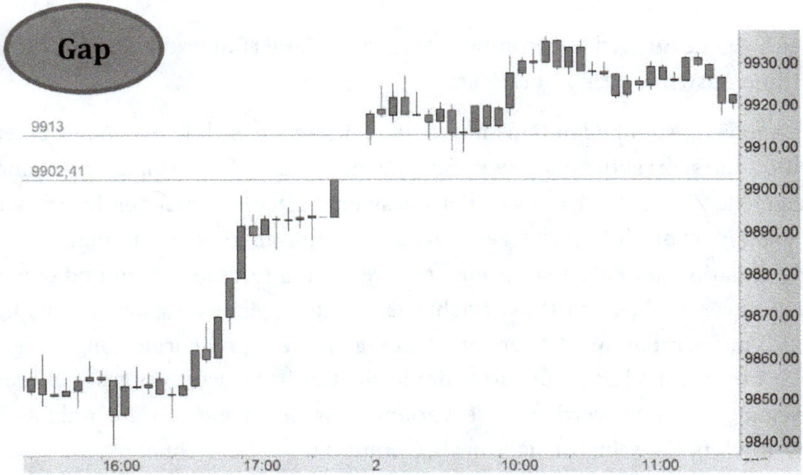

Sie erkennen über den Tageswechsel einen positiven Gap, der am Tag 1 bei 9902,41 endet und an Tag 2 mit 9913,00 startet (Keine Währungsangabe!).

Wie können Gaps aber überhaupt entstehen. Dafür gibt es unterschiedliche Gründe aus Wirtschaft und Politik. Dazu gehören z. B.:

- Bekanntgabe neuer Quartalszahlen eines Unternehmens.
- Ankündigungen von Unternehmensübernahmen.
- Drastische Änderungen in den Gegebenheiten eines Marktes.
- Politische Entwicklungen (Wahlergebnisse).
- Kriegerische Auseinandersetzungen.
- Naturkatastrophen.

5.2.2 Die vier Varianten der Gaps (Kurslücken)

Bei einem Handelsplatz, der nicht 24 Stunden pro Tag für den Handel mit Finanzprodukten geöffnet hat, z. B. ein Forex-Markt, gehören Gaps sogar zur Normalität. Genau betrachtet, eröffnet an diesen Handelsplätzen kein Kurs zum Wert des Vorabends. Das Entscheidende ist jetzt aber, wie extrem diese Gaps ausfallen. Gaps werden in vier unterschiedliche Varianten gegliedert, die jede für sich eigene Auswirkungen aufweist. Es ist für Sie als Daytrader absolut wichtig, diese Auswirkungen zu erkennen.

Am häufigsten bilden Gaps nur kleine Lücken, die sich lediglich aus einer leichten Kurskorrektur über zwei Handelstage bilden. Die Gründe dafür sind zweigeteilt. Zum einen kann sich der Kurswert aufgrund fehlenden Interesses für das Finanzprodukt leicht verschlechtern. Zum anderen kann aber genau diese Situation am Folgetag für ein größeres Kaufinteresse sorgen und damit den Kurswert verbessern. Unter erfahrenen Tradern gelten diese Gaps als völlig normal und werden für das weitere Trading als wenig risikoreich angesehen, gleich, ob der Kurs leicht aufwärts oder leicht abwärts startet. Aufgrund dieser Bewegungsrichtung werden diese Varianten unter Fachleuten auch als Auf- bzw. Abwärts-Gaps, im Fachjargon als ***Common Gaps***, bezeichnet.

Common Gaps (Normale Kurslücken)

1. Definition und Strategie bei einem Aufwärts-Gap

Der Eröffnungskurs des aktuellen Handelstages liegt über dem Höchstwert des Vortags. Als Daytrader sollten Sie in dieser Situation eine ***Short Position*** suchen. Es ist mit einem fallenden Kurs zu rechnen, da sich der aktuelle Tageskurs durch die Handelsaufträge bereits nach kurzer Zeit auf den letzten Kursstand einpendelt.

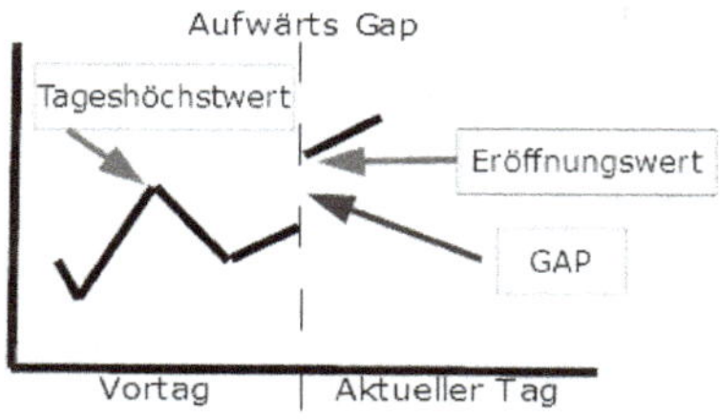

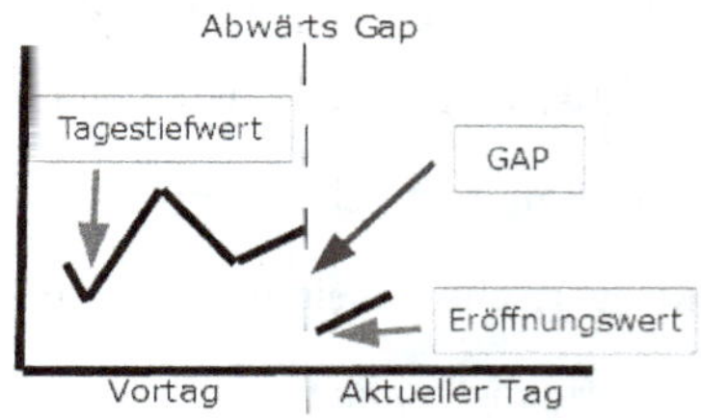

2. Definition und Strategie bei einem Abwärts-Gap

Der Eröffnungskurs des aktuellen Handelstages liegt unter dem Tiefstwert des Vortags. Als Daytrader sollten Sie in dieser Situation eine ***Long Position*** suchen. Es ist mit einem steigenden Kurs zu rechnen, da sich der aktuelle Tageskurs durch die Handelsaufträge bereits nach kurzer Zeit auf den letzten Kursstand einpendelt.

Problematischer für das Trading sind die Lücken, die durch äußere Ereignisse entstehen (siehe Kapitel 5.2.1) und entsprechend größer ausfallen.

Tipp!
Um durch einen Gap kein Kapital zu verlieren, sollten Sie als Einsteiger im Daytrading keinen Trade über Nacht und auf gar keinen Fall über ein Wochenende aufrechterhalten. Es könnte der Fall eintreten, dass die Signalpunkte Ihrer Strategie nicht berührt werden und somit Verluste drohen.

Breakaway Gaps (Ausbruch-Kurslücken)
Bei einem Breakaway Gap wird ein Einbruch des Kurses aus seinem Handelsverlauf (Trend) und der daraus resultierenden Handelsspanne sichtbar. Auslöser hierfür können z. B. starke Preisbewegungen sein, die durch Widerstand und Unterstützung (siehe Kapitel 4.5) beeinflusst werden und daher nach oben bzw. nach unten ausbrechen können. Im Regelfall entstehen Breakaway Gaps aus einem Seitwärtstrend (siehe Kapitel 3.4.6) heraus und setzen sich nach der Kurslücke ähnlich fort. Diese Fortsetzung kann sich aber auch auf einem höheren, manchmal auch einem niedrigeren Level einpendeln, insbesondere, wenn die Kauf- bzw. Verkaufsaktivitäten der Trader steigen oder sinken. Breakaway Gaps können durchaus mehrmals in einem Kursverlauf vorkommen.

Schaubild eines Breakaway Gaps

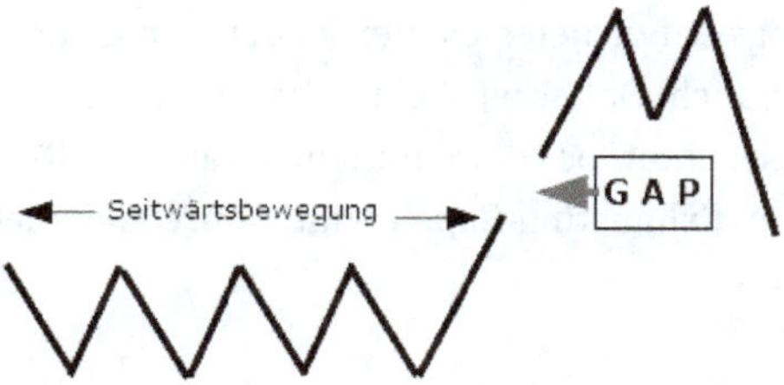

Runaway Gaps (Ausreißer-Kurslücken)
Diese Variante einer Kurslücke bildet sich ebenfalls durch ein erhöhtes Kauf- bzw. Verkaufsinteresse der Trader. Der Unterschied gegenüber dem Breakaway Gap liegt allerdings darin, dass sich der Kurs nach der Lücke stärker nach oben

bzw. nach unten weiterentwickelt. Runaway Gaps können durchaus mehrmals in einem Kursverlauf vorkommen.

Schaubild eines Runaway Gaps mit aufsteigendem Trend

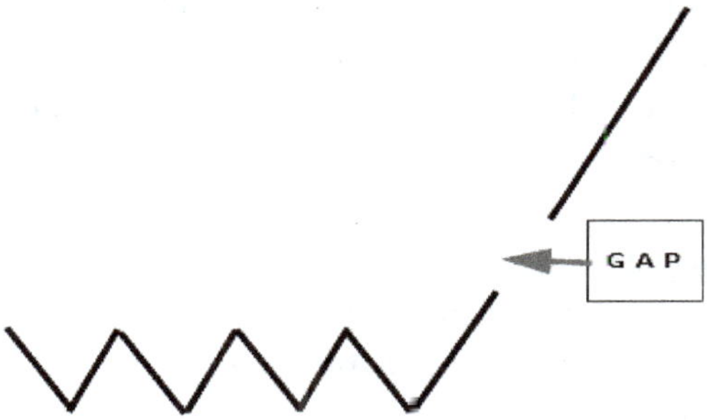

Exhausting Gaps (Erschöpfungs-Kurslücken)

Diese Variante zeigt im Regelfall die positive bzw. negative Richtungsänderung eines Trends an. Wie die Bezeichnung schon ausdrückt, beginnt sich der Kurs durch Erschöpfung zu ändern. Beim ersten Anschein könnte das Wort Erschöpfung stets negativ interpretiert werden. Schließlich führt Erschöpfung doch im Regelfall bei einem Kursverlauf zu einem Ende. Es muss aber nicht bedeuten, dass der Kursverlauf komplett endet. Möglicherweise verläuft er mit einem niedrigeren Kurs weiter. Trotzdem ist es für den Trader bei einem Aufwärtstrend sehr ärgerlich! Aber auch ein Abwärtstrend kann einer Erschöpfung ausgesetzt sein. Allerdings entwickelt sich hierbei der Kurstrend dann positiv. Für den Trader sehr erfreulich! Daher wird ein Exhausting Gap auch in Fachkreisen als Umkehrsignal betrachtet, bei dem auf jeden Fall eine Reaktion durch den Trader erfolgen sollte. Exhausting Gaps können durchaus mehrmals in einem Kursverlauf vorkommen.

Schaubild eines Exhausting Gaps mit abfallendem Trend

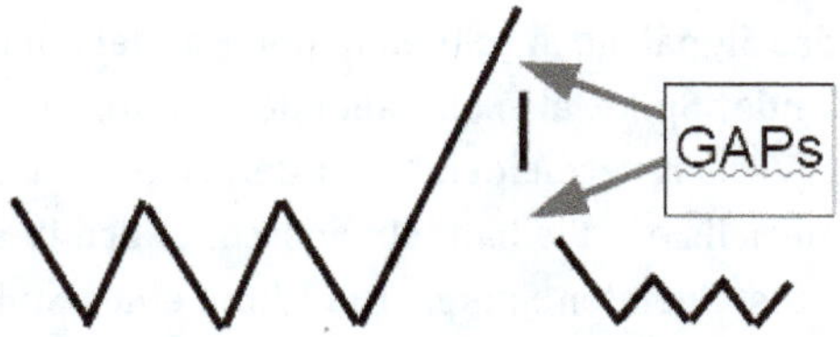

5.2.3 Spike

Bei einem Spike (Deutsch = Speerspitze) handelt es sich um ein sehr spezifisches Chartmuster, das im Grunde auch als Trendumkehrformation beschrieben werden kann. Trendumkehrformationen gibt es eine Vielzahl, doch Spike sticht mit seiner besonderen Aussagekraft hervor.

Mit Spike wird grafisch eine Kursentwicklung dargestellt, bei der ein eigentlich gleichmäßig verlaufender Trend urplötzlich zu einer Spitze steil ansteigt bzw. steil abfällt, um anschließend wieder in einen gleichmäßigen Trend zurückzufallen. In dieser Bewegung bildet der Schlusskurs des Tages einen neuen Höchstwert bzw. einen neuen Tiefstwert. Die grafische Darstellung entspricht dabei einer Speerspitze.

Spike aufsteigend

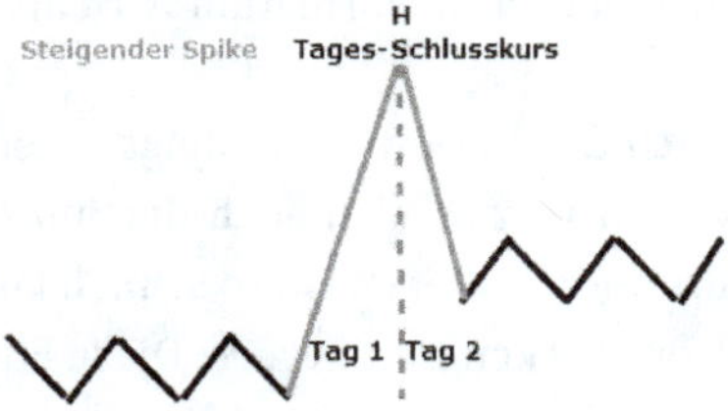

Spike abfallend

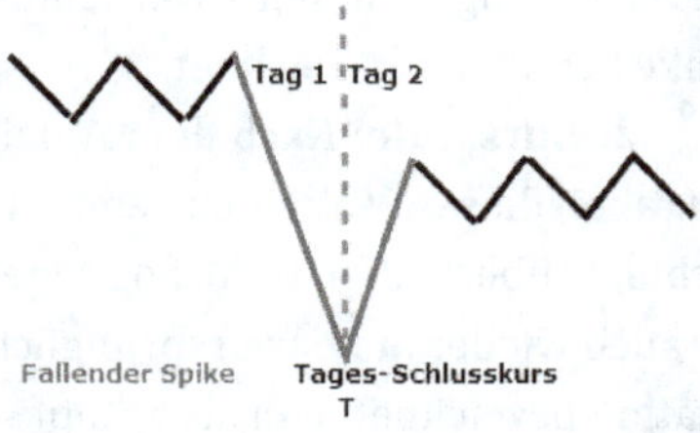

Im Normalfall entsteht ein Spike, wenn ***Börsennotierungen*** nach Eröffnung des Handelstages durch den Börsenvorstand neu bewertet werden und dadurch der Kurswert steigt oder fällt. Was sagt aber nun ein Spike aus? Im Regelfall zeigt der Spike an, dass ein überhöhter Kauf bzw. Verkauf des Finanzproduktes sich theoretisch in eine Trendumkehr wandelt. Interessant sind jetzt die Rückschlüsse aus diesem Chart. Ein aufsteigender Spike, also ein steigender Trend, ist für alle Trader das Signal, noch schnell in den Handel einzusteigen (Gewinn möglich!). Ein sinkender Spike, also ein fallender Trend, ist eher das Signal für panische Verkäufe (Verlust vermeiden!). Auf derartige Situationen haben sich einige Daytrader spezialisiert. Sie handeln ausschließlich in einer Spike-Situation, meistens bei aufsteigenden Spikes. Die Kürze eines Spikes passt ideal zu den kurzen Zeiteinheiten beim Daytrading.

Vorsicht!
Bei einem fallenden Spike lässt sich ebenfalls handeln, da vermutlich nach Ende des Spikes der Kurs etwas ansteigen kann. Mit dieser Vermutung befinden Sie sich aber im Bereich der Spekulation, die ein hohes Risiko beinhaltet und mit einem Verlust enden könnte.

5.2.4 Kopf-Schulter-Formation

Die Kopf-Schulter-Formation gehört zu den bekanntesten Formationen innerhalb der Charts. Unter den Fachleuten wird auch diese Formation eher zu den Umkehr-Formationen gerechnet, da bei Auftreten dieses Chartbildes die Umkehr eines Trends vom bisherigen Verlauf erwartet wird.

Eine Kopf-Schulter-Formation entwickelt sich in drei Kursstufen.

1. Kursstufe: Sie erkennen auf dem Chartbild zunächst einen Anstieg des Kurses auf ein Zwischenhoch, der aber umgehend wieder auf das ursprüngliche Level, die sogenannten > Nackenlinie < zurückfällt. Diese Formation wird als > linke Schulter < bezeichnet.

2. Kursstufe: Nach dem Abfall erholt sich der Kurs wieder, steigt erneut an, aber dieses Mal so extrem, dass das vorherige Zwischenhoch der linken Schulter übertroffen wird. So schnell der Kurs aber gestiegen ist, so schnell fällt er auch wieder auf das ursprüngliche Level, die Nackenlinie, zurück. Diese Formation bezeichnet man als > Kopf <.

3. Kursstufe: Im letzten Schritt erfolgt erneut ein Anstieg des Kurses, der allerdings nur das Level der linken Schulter erreicht und auch umgehend wieder auf die Nackenlinie zurückfällt. Es ist die gleiche grafische Darstellung wie bei der linken Schulter, aber von der Ansicht her eben rechts. Daher die Bezeichnung > rechte Schulter <.

Verkaufssignal

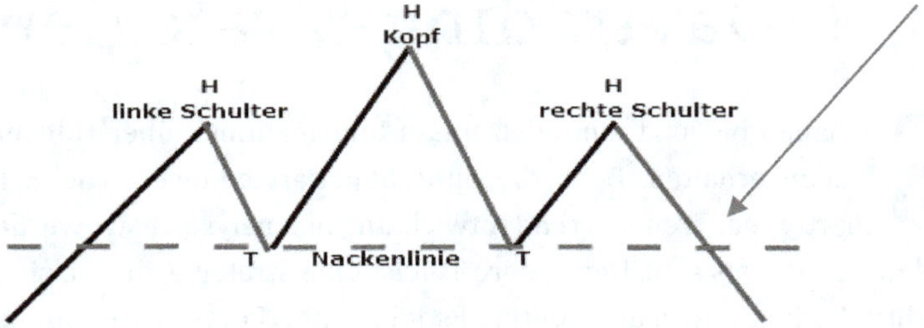

Welche Erkenntnisse können Sie nun aus einer Kopf-Schulter-Formation ziehen?

Fassen wir kurz zusammen: In der grafischen Darstellung erkennen Sie insgesamt drei Zwischenhochs (linke Schulter – Kopf – rechte Schulter), von denen die mittlere das höchste Level erreicht. Die beiden Kursrückgänge in der linken und rechten Schulter fallen jeweils auf das Level der Nackenlinie zurück. Der Kurs der rechten Schulter durchbricht die Nackenlinie sogar. Dies ist das Verkaufssignal für Trader, um Verluste zu vermeiden. Es wird davon ausgegangen, dass der Kurs noch weiter fällt.

5.2.5 Umgekehrte Kopf-Schulter-Formation

Hierbei handelt es sich um eine spiegelverkehrte Ansicht der Kopf-Schulter-Formation. Sie erkennen in der Darstellung insgesamt drei Zwischentiefs, von denen das mittlere das tiefste Level erreicht. Flankiert wird dieser Punkt durch zwei höherliegende Zwischentiefs. Steigt der Kurs von der rechten Schulter aus nach oben und durchbricht die Nackenlinie, ist dies das Kaufsignal für Trader, um Gewinne einzufahren. Es wird davon ausgegangen, dass der Kurs noch weiter steigt.

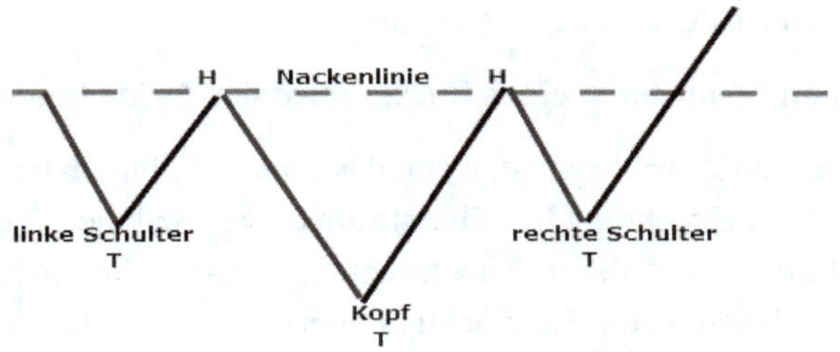

6 Daytrading-Strategien

Sie haben bis jetzt eine Vielzahl an Informationen über Hilfsmittel beim Traden erhalten. Doch die optischen Darstellungen, wie z. B. Charts, Charttypen, Trends, Trendentwicklungen, Analysen usw., werden nur ein Teil Ihres Erfolges sein. Der andere Teil ist eine Strategie, die Sie zielorientiert für Ihr Trading anwenden sollten. Es gibt unter Tradern eine immer wieder gern genutzte Kernaussage:

Eine zielorientierte Strategie unterscheidet den Trader von einem Glücksspieler.

Strategien sind für das Daytrading zwingend notwendig. Ohne eine fundierte Strategie werden Sie aus den vielen und vor allem kleinen Kursbewegungen kaum nennenswerte Gewinne einfahren können und sehr schnell die Freude am Daytrading verlieren.

6.1.1 Definition einer Handelsstrategie

Handelsstrategien sind gleichzusetzen mit einem definierten Regelwerk, mit dem Antworten zu den unterschiedlichsten Fragen verlangt und gleichzeitig eindeutige Handlungsweisen bei vorher definierten Situationen beschrieben werden, z. B.:

- **Bei welchen Situationen eines Kurses wird ein Trade eröffnet?**

Beispiel: Ein Trade wird eröffnet, wenn das Handelsvolumen eines Kurses bei einer 1-Stunden-Betrachtung (H1 Chart) zum dritten Mal höher liegt als die vorherigen Kurswerte der Stundenbetrachtung.

- **Bei welchen Situationen eines Kurses wird der Trade beendet?**

Beispiel: Ein Trade wird beendet, wenn das Handelsvolumen eines Kurses bei einer 1-Stunden-Betrachtung (H1 Chart) zum dritten Mal niedriger liegt als die vorherigen Kurswerte der Stundenbetrachtung. Dieses Szenario kann durch einen vorher definierten ***Stop Loss*** sichtbar gemacht werden, bei dem max. 10 % des eingesetzten Kapitals verloren gehen.

➢ **Wie hoch beläuft sich der finanzielle Einsatz pro Trade?**

Beispiel: Mit Einstieg in einen Trade sollten lediglich 1-3 % des Eigenkapitals eingesetzt werden. Dies gilt auch bei vermeintlich großartigen Kursentwicklungen.

➢ Das eingesetzte Kapital des eröffneten Trades wird nicht im aktuellen laufenden Kurs erhöht. Auch nicht, wenn sich der Kurs sehr günstigen entwickelt. Stattdessen wird ein 2. Trade eröffnet.

Je länger Sie sich mit dem Daytrading beschäftigen, desto mehr werden Sie von den unterschiedlichsten Handelsstrategien erfahren. Doch gerade als Einsteiger beim Daytrading sollten Sie sich auf einfache Strategien beschränken. Die Erfahrung von vielen „alten Hasen“ ist:

Die einfachen Strategien überzeugen immer wieder mit den besten Erfolgen!

Diese These ist im praktischen Handling auch nachvollziehbar. Schließlich basiert das Daytrading darauf, nicht nur das Potential einer lukrativen Wertsteigerung im gewaltigen Markt der Finanzprodukte zu finden, sondern auch darauf, die richtigen Signale für einen Einstieg in den Trade zu setzen.

6.1.2 Leistungsmerkmale einer Handelsstrategie

Der Erfolg einer Handelsstrategie ist direkt abhängig von seinen Leistungsmerkmalen. Dazu gehört z. B., die Entscheidung für den Kapitaleinsatz zu treffen. Dafür werden unterschiedliche Informationen ausgewertet, die schlussendlich von dem Trader als ausreichend für den Einstieg in einen Trade akzeptiert werden.

Dieses Leistungsmerkmal spiegelt auch die Grundvoraussetzung einer Strategie wider, mindestens die Kosten für einen Trade (Gebühren, Orderkosten usw.) zu decken. Nur so kann Ihre Handelsstrategie von Erfolg gekrönt sein.

Steht die Handelsstrategie, folgt als nächster Schritt die Handelsausführung eines Trades. Der entscheidende Punkt hierfür ist die Dringlichkeit. Mit Dringlichkeit ist allerdings nicht gemeint, dass Sie in diesen Trade besonders schnell einsteigen müssen, sondern vielmehr, um welche Art von Finanzprodukten es sich handelt. Interessieren Sie sich z. B. für fundamentale Werte, die im Regelfall auf Kennzahlen und damit auf der wirtschaftlichen Lage eines Unternehmens basieren, benötigen Sie keine kurzfristigen Strategien, da beim Traden weniger schnell reagiert werden muss. Anders sieht die Situation z. B. aus, wenn neue Unternehmen auf den Markt kommen und ihre Finanzprodukte für den Handel an den Börsen anbieten. Hier müssen zwangsläufig schnelle Entscheidungen beim Traden getroffen werden.

Ein weiteres Leistungsmerkmal liegt auf dem Weg zu einem erfolgreichen Abschluss eines Handels. Dabei spielen viele Faktoren, die zu Beginn des Trades nicht bekannt waren, eine besondere Rolle und beeinflussen direkt die Handelsausführung. Wie reagiert z. B. eine Aktie auf verhältnismäßige hohe Ankäufe bzw., im Gegensatz, auf hohe Verkäufe? Fällt oder steigt der Kurs dann unverhältnismäßig? Fragen, auf die Sie mit Ihrer Strategie vorbereitet sein sollten.

Nachfolgend einige Leistungsmerkmale, die eigentlich immer in der Auswahl Ihrer Strategie Berücksichtigung finden sollten:

1. Anzahl von Trades

Die Anzahl von Trades in einem Zeitraum „X“ (Stunde/Tag/Woche/Monat/Jahr) ist ein besonders wichtiges Merkmal für Ihre Handelsstrategie. Je höher die Anzahl von Trades ist, desto höher werden mit Sicherheit für Sie die Transaktionskosten. Auch ein möglicher Gewinn wird dadurch zwangläufig auf eine höhere Anzahl von Tradern verteilt. Folglich bleibt also zu überlegen, ob der mögliche Gewinn in einem realistischen Verhältnis zu den tatsächlich anfallenden Kosten stehen würde.

2. Performance eines Finanzproduktes

Die ***Performance*** ist ein wichtiges Merkmal für die Auswahl einer erfolgreichen Strategie. Sie sollten aber bei Vorliegen einer hohen Performance eines Finanzproduktes auf jeden Fall die Zusammenhänge dieser, auf den ersten Blick gewinnbringenden, Situation ergründen. So können z. B. wenige Trades der Auslöser sein. Allerdings bedeuten wenige Trades im Regelfall auch wenig kurzfristige, eher langfristige Kursbewegungen. In diesem Fall bleibt zu überlegen, ob Daytrading die richtige Handelsausführung ist.

3. Zeitaufwand pro Trade

Einen Zeitaufwand für einen einzelnen Trade zu definieren ist unmöglich, da er stets von Ihren individuellen Ambitionen bzw. Zielen abhängt. Sie selbst entscheiden also beim Daytrading, wie viel Zeit Sie pro Trade und vor allem pro Tag aufwenden wollen. Allerdings ist weniger Ihr Zeitaufwand, sondern eher der Zeitrahmen bzw. der Zeitpunkt Ihrer Aktivität wichtig. Besser formuliert:

4. Zeitrahmen/Zeitpunkt

Diese Leistungsmerkmale sind ausschlaggebend für Ihre Handelsstrategie.

Daytrading macht schließlich nur Sinn, wenn sich das Traden auch lohnt!

Etwas klarer ausgedrückt: Wenn Sie mit Finanzprodukten spekulieren wollen, die z. B. ausschließlich an einer US-Börse gehandelt werden, können Sie zwangsläufig nicht morgens um 8:00 Uhr (MEZ) mit dem Traden beginnen. Allerdings ist wiederum der Zeitpunkt wichtig, an dem Sie Ihr Trading starten. Gerade zu Börsenöffnungen können sich die Werte für Trader positiv gestalten (siehe Kapitel 5.2.1).

Der richtige Zeitpunkt wird noch entscheidender für eine Strategie, wenn Sie z. B. mit Währungen handeln.

Beispiel:

Sie traden mit einem Währungspaar USD/EUR. Durch die Zeitverschiebung zwischen den USA und Europa werden Sie zu den einzelnen Öffnungszeiten der jeweiligen Börsen kaum Gewinne einfahren. Die **Liquidität** und die Handelsfrequenz von Währungspaaren sind immer dann am höchsten, wenn sich die Handelszeiten der jeweiligen Börsen überschneiden. Das allerdings gilt eben nur für wenige Stunden pro Handelstag.

Ein weiterer Grund, den richtigen Handelszeitpunkt in Ihre Strategie einzuarbeiten, sind Veröffentlichungen von unternehmerischen Informationen an den Heimatbörsen Ihres Finanzproduktes, die stets im Vorfeld bekannt gegeben werden.

Rechtzeitig vorbereitet sein, verspricht garantiert ein erfolgreiches Trader.

Gerade der Zeitrahmen/Zeitpunkt ist ein Faktor, der zwar von einem Daytrader in Strategien eingearbeitet werden kann, allerdings häufig, aufgrund der Tageszeiten, nicht persönlich umgesetzt werden kann. Dann macht selbstverständlich die beste Strategieplanung nur wenig Sinn. Wenn auch Sie bei diesem Faktor Probleme für Ihr Daytrading sehen, müssen Sie nicht verzweifeln. Nutzen Sie automatisierte Ordersätze, die auf den Plattformen der Broker zur Verfügung gestellt werden. Mit diesen Ordersätzen können Sie z. B. Einstiegs- und Ausstiegszeitpunkte vorab festlegen (siehe hierzu Kapitel 1.4). Beachten Sie aber, dass Sie in diesem Fall insbesondere den Ausstiegspunkt super genau festlegen, um unkontrollierte Verluste auszuschließen.

5. Einstiegssignal

Ein weiterer Faktor für Ihre Strategie ist das Einstiegssignal für den Trade. Daytrader benötigen Einstiegssignale mit einer höchstmöglichen Genauigkeit, die immer dann erkennbar sind, wenn sich bei Angebot und Nachfrage eines Finanzproduktes regelmäßig typische Änderungen erkennen lassen. Erfahrene Daytrader gehen mit Einstiegssignalen entspannt um, da sie davon ausgehen, dass auffällige Bewegungen eines Kurses grundsätzlich weitere typische, mindestens kurzzeitige, Folgebewegungen auslösen. Derartige Kursbewegungen lassen sich also mit einem hohen Wahrscheinlichkeitsfaktor vorhersehen.

6. Kurstrends (siehe hierzu Kapitel 3.4)

7. Indikatoren (siehe hierzu Kapitel 5.2)

6.2 STRATEGIEN FÜR DAYTRADING-ANFÄNGER

In diesem Kapitel erhalten Sie Informationen zu Strategien, die insbesondere für Daytrading-Anfänger bestens geeignet sind.

6.2.1 Trendfolgestrategie

Die Trendfolgestrategie gehört zu den sichersten und bewährtesten Strategien im Daytrading und ist aufgrund der doch eher einfachen Grundidee insbesondere für Anfänger und deren ersten Trades bestens geeignet. Jeder Daytrading-Anfänger sollte diese Strategie kennen, die sich auf alle Charts größer 1 Stunde (H1) perfekt umsetzen lässt.

Kursverläufe von Finanzprodukten folgen im Regelfall unterschiedlichsten Trends. Allerdings besteht jeder Trend aus zwei Phasen:

1. Der Bewegung = Verlauf des Kurses in Richtung des Trends.

2. Der Korrektur = Kurzfristige Änderung des Kurses in die Gegenrichtung.

Ein Trend kann dabei auf-, ab- oder seitwärts verlaufen (siehe Kapitel 3.4).

Sobald Sie einen verlässlichen Trend erkennen, eröffnen Sie den Trade und schließen ihn umgehend, sobald Sie das Ende eines Trends vermuten. Da sich aber ein Trend auch während der Phase einer Korrektur weiterentwickelt, ist es für Ihr Daytrading besonders wichtig, die richtigen Ein- und Ausstiegspunkte für den Trade zu treffen. Manuell ist dies kaum umzusetzen, da die Reaktionszeiten recht kurz getaktet sind. Es stehen Ihnen aber sichere Hilfsmittel, die sogenannten ***Stop Loss Orders***, zur Verfügung, mit denen Sie die richtigen Ein- und Ausstiegspunkte automatisch hinterlegen können.

Wichtig!
Der häufigste Fehler von Daytrading-Einsteigern ist, dass der Ausstiegspunkt eines Trends zu früh aktiviert wird, obwohl er sich noch weiterentwickelt.

Ein- und Ausstiegspunkt über Stop Loss

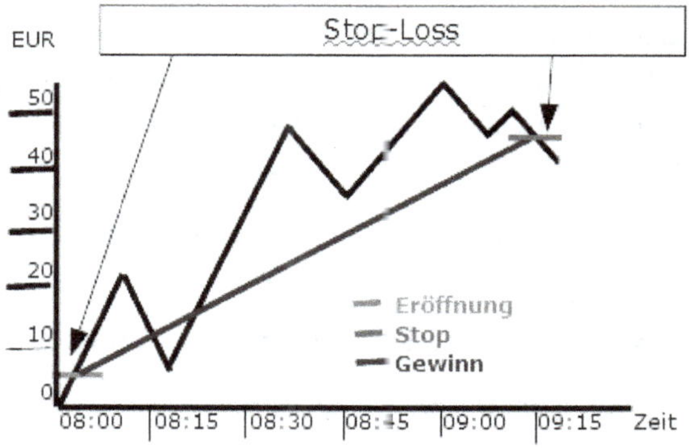

6.2.2 Ausbruchstrategie

Diese für das Daytrading besonders geeignete Strategie wird gerne beim Handel mit Währungen angewandt. Im Gegensatz zur Trendfolgestrategie, die von einem gleichbleibend steigenden Kurs ausgeht, geht man bei der Ausbruchsstrategie davon aus, dass auch Seitwärtskurse von Währungen ein erfolgreiches Trading zulassen. Bewegt oder verändert sich der Seitwärtstrend über einen längeren Zeitraum nicht, kann von einem kurzzeitigen Ausbruch des Kurses in Richtung des Ausbruches ausgegangen werden. Mit der Ausbruchstrategie gehen Sie ein weitaus geringeres Handelsrisiko ein, allerdings fallen auch die Gewinne entsprechend kleiner aus.

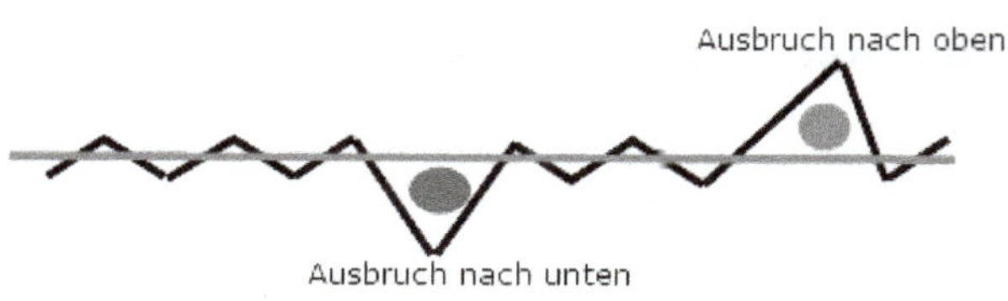

6.2.3 Break Out Trading

Diese Strategie ist ausschließlich für das Daytrading geeignet. Es wird bei dieser Strategie davon ausgegangen, dass es bei jedem Kurs, der weitestgehend in gleichen Auf- und Abwärtsbewegungen verläuft, mittelfristig zu einem größeren

Ausbruch kommt, gleich, ob dieser nach oben oder nach unten erfolgt. Genau den Punkt bei einem Aufwärtstrend zu treffen, ist dabei das Geschick eines Daytraders. Aber auch hierfür stehen Ihnen technische Hilfsmittel zur Verfügung. Als Erstes setzen Sie eine sogenannte ***Take Profit Order,*** mit der Sie einen Wert festlegen, bei dem Sie aus dem Kursverlauf aussteigen wollen. Zusätzlich setzen Sie einen ***Stop Loss***, um zu vermeiden, dass Sie in die Verlustzone fallen. Diese Strategie ist bestens umsetzbar mit den Zeiteinheiten M15 (15 Minuten), M30 (30 Minuten) und H1 (1 Stunde).

Schaubild zum Break Out Trading

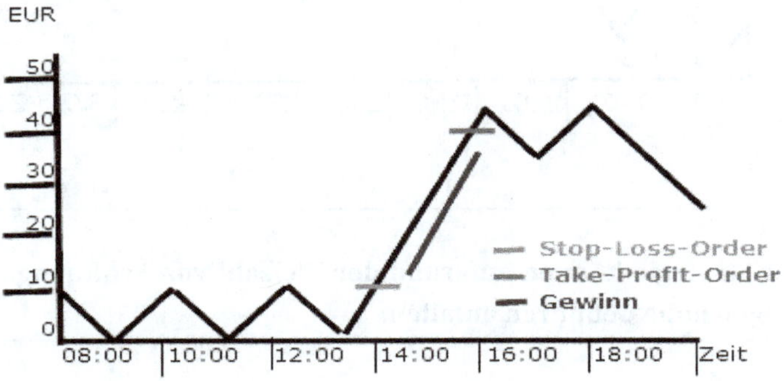

6.2.4 Scalping

Scalping ist eine Strategie, bei der ein Trade nur sehr kurzfristig in wenigen Sekunden innerhalb der Zeiteinheit M1 (1 Minute) durchgeführt wird. Diese Kurzfristigkeit führt zwangsläufig zu niedrigen Gewinnen, weshalb diese Strategie bei erfahrenen Tradern auch eher unbeliebt ist. Weiterhin spielt die nervliche Belastung eine negative Rolle, da diese Strategie grundsätzlich manuell verfolgt werden muss. In diesen kurzfristigen Handelsschritten greift keine technische Unterstützung. Grundsätzlich ist Scalping analog aufgebaut wie die Break Out Trading-Strategie. Sie eröffnen zum richtigen Zeitpunkt eines Aufwärtstrends, um diesen in der erwähnten kurzen Zeit gleich wieder zu schließen. Diese Schritte können allerdings mehrfach hintereinander umgesetzt werden.

Schaubild zum Scalping

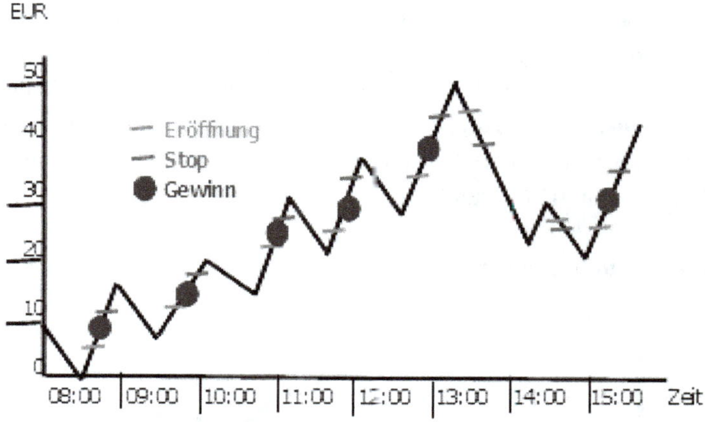

Wichtig! **Bei dieser Strategie können aufgrund der Vielzahl von Eröffnungen und Schließungen hohe Gebühren anfallen.**

7 Daytrading - Zusammenfassung, Neues und noch mehr Tipps

In den vorherigen Kapiteln haben Sie eine Vielzahl von Informationen erhalten, u. a. über die Funktionalität einer Börse, über das Anlegen von Charts, über Analysen, Strategien, Trends und vieles mehr, das man für das Trading, explizit für das Daytrading, benötigt. Doch wie können Sie es schaffen, dass Sie als zukünftiger Daytrader perspektivisch erfolgreich sind? Um dieses Ziel zu verwirklichen, gibt es, wie bei den meisten anderen Vorhaben auch, Grundregeln, die Sie annehmen und möglichst einprägen sollten. Es sind Grundregeln, die über Generationen von Tradern gewachsen sind und über Erfolg oder Misserfolg entscheiden können.

In diesem Kapitel soll aber nochmals alles Bekannte, aber auch noch Neues relativ kurz und übersichtlich aufgeführt werden, um Sie in ein erfolgreiches Daytrading einzuführen und Sie bei Ihren ersten Schritten zu begleiten.

7.1 FÜHREN EINES DAYTRADING-TAGEBUCHES

Vermutlich werden Sie sich jetzt fragen, warum Sie ein Trading-Tagebuch führen sollen. Schließlich wollen Sie Geld verdienen und kein Schreibbüro aufmachen. Aber ein erfolgreiches Daytrading ohne Plan und Strategie kann schnell zu einer Lotterie oder einem Glücksspiel werden. Gerade am Anfang Ihrer „Daytrader-Karriere" sollten Sie auch zurückschauen.

- Was war erfolgreich, was weniger erfolgreich?
- Welche Strategie hat beim Daytrading Erfolg, welche keinen Erfolg gehabt?
- Welche Gründe lagen vor, damit Sie in genau diesen Trade eingestiegen sind?
- Welche Gründe lagen für einen Ausstieg aus dem Trade vor?
- usw., usw., usw.

Genau diese Fragen und vor allem die Antworten dazu sollen Ihnen helfen, auch zukünftig richtige Entscheidungen zu treffen. Worauf basieren aber richtige Entscheidungen? Im Regelfall auf Erfahrungen! Leider neigt der Mensch aber zur Vergesslichkeit. Alles das sind Gründe, sämtliche Maßnahmen, Aktionen usw. detailliert niederzuschreiben, und genau dazu soll das Trading-Tagebuch dienen. Ganz nebenbei erfüllt ein Tagebuch auch die Bedingungen eines Kontrollinstruments. Ein Blick ins Tagebuch kann Ihnen z. B. aufzeigen,

- Ob Sie sich an die ursprüngliche Strategie/an das ursprüngliche Vorhaben gehalten haben.
- Welche Fehler vorgekommen sind.
- Ob daher zukünftige Korrekturen/Anpassungen zielführend wären.
- Welche Erkenntnisse Sie aus abgeschlossenen Trades ziehen können.
- Welche Gründe zu möglichen Verlusten/Gewinnen geführt haben.
- Wie Sie daher Ihr Daytrading zukünftig optimieren können.
- Ggf. Probleme mit anderen Tradern belegen und besprechen zu können.

Je mehr Ihr Daytrading-Tagebuch mit Informationen gefüllt wird, desto besser werden Sie Fehler in Ihrem Daytrading erkennen bzw. abstellen und erfolgreich traden.

7.1.1 Inhalte eines Daytrading-Tagebuches

In welcher Form Sie Ihr Trading-Tagebuch erstellen, ist Ihnen selbstverständlich frei überlassen. Wichtig sind allein die Informationen, die enthalten sind. In der Praxis haben sich aber drei Varianten eines Tagebuches herauskristallisiert:

- **Trading-Tagebuch handgeschrieben auf Papier.**

Im Grunde reicht ein einfacher Schreibblock, um ein Tagebuch einzurichten. Auch spezielle Formblätter gibt es im Fachhandel zu kaufen. Ob aber diese „Zettelwirtschaft“ sinnvoll ist, lässt sich sicherlich bezweifeln.

- **Trading-Tagebuch digital in einer Tabelle (z. B. in Microsoft Excel).**

Hierbei handelt es sich um die am meisten genutzte Variante. Der Vorteil liegt bei dieser Variante darin, dass Sie als Daytrader Ihr Tagebuch individuell gestalten können, mit Eintragungen, die Sie für nötig halten. Allerdings sollten einige „Pflicht-Eintragungen" eingeplant werden. Nachfolgend ein Vorschlag, basierend auf den Bereichen Information, Trading und Empfindung.

Teil 1 (Informationen)

Nr. des Trades *	Datum Eröffnung	L / S **	Phase des Trends	Gewählte Strategie

* Könnte z. B. die entsprechende ID aus dem Handelsprogramm sein.

** Long (Kaufen) und Short (Verkaufen)

Teil 2 (Trading Daten)

Größe der Position	Kurseinstieg	Kursausstieg	Grund Ausstieg	Vorgegebene Limits

Teil 3 (Empfindung)

Risikoeinschätzung	Pers. Empfindung ***

*** Z. B. Skala von 1 (Schlecht) bis 10 (Sehr gut)

➢ **Fertige Software-Journale**

Software-Journale sind genau auf die Funktion eines Daytrading-Tagebuches zugeschnitten. Allerdings sollten Sie auf jeden Fall die Preise prüfen. Trading-Journale sind nicht immer kostenfrei. Am besten informieren Sie sich bei Ihrem Broker, ob eine entsprechende Software kostenfrei oder kostenpflichtig angeboten wird.

Vorteil: Eine optimale Trading-Software kann automatisch Informationen aus Ihren aktuellen Trades in das Tagebuch übermitteln und gleichzeitig einfache Charts erstellen.

Tipp!
Sollten Sie die Handelsplattform MetaTrader für Ihr Daytrading nutzen, empfiehlt sich die Software „TradeBuddy 2.0". Sie ist kostenfrei und überspielt Daten sowohl auf der Version MT4 als auch MT5 (siehe Kapitel 1.6.2).

7.1.2 Führen eines Daytrading-Tagebuches

Das Erstellen eines Tagebuches ist die eine Seite bei der Führung eines Daytrading-Tagebuches. Die andere Seite sind die Eintragungen. Das soll heißen: Wenn Sie nicht alle Parameter, die Sie in Ihrem Tagebuch hinterlegt haben, erfassen, werden Sie auch keine hilfreichen Informationen daraus erhalten. Deshalb ist es besonders wichtig, dass Sie nur Parameter hinterlegen, die für Sie wirklich wichtig sind. Um die Eintragungen noch weiter zu vereinfachen, nutzen Sie gängige Abkürzungen oder überlegen Sie sich fiktive. Tragen Sie sämtliche Aktionen, Maßnahmen oder Reaktionen ein, auch wenn diese für Sie auf den ersten Blick unwichtig erscheinen.

7.1.3 Auswertung eines Daytrading-Tagebuches

Schlussendlich gehört zur Führung eines Daytrading-Tagebuches auch die Analyse der Parameter. Nehmen Sie diese regelmäßig, in Abhängigkeit zur Ihren Trading-Aktivitäten, vor!

Das bedeutet: Sollten Sie nur täglich einen Trade starten, sollte auch der Zeitraum für eine Analyse entsprechend weit ausgelegt sein (max. 1 Monat). Bei täglich zehn Trades ist dagegen ein Zeitraum von 1 Woche sinnvoll. Scheuen Sie sich nicht, Kritik zu Ihren Entscheidungen zu üben und diese in die Analysen einzubinden.

Nur wer eigene Kritik übt, wird zukünftig Fehler vermeiden!
Nur wer Fehler vermeidet, wird Erfolg haben!

7.2 STRATEGIE

Eine effektiv ausgearbeitete Strategie und die daraus resultierenden festen Regeln werden der Garant für Ihr erfolgreiches Daytrading sein. Betreiben Sie eine gründliche Analyse und nutzen Sie die grafischen Möglichkeiten, wie z. B. Charts, Oszillatoren oder Indikatoren, deren Muster Ihnen die Möglichkeit geben, zukünftige Kursbewegungen vorherzusagen. Achten Sie aber stets darauf, bewährte Daytrading-Strategien umzusetzen. So können Sie z. B. mit der Ausbruchstrategie, sowohl bei einem kurzzeitig steigenden Kurs, aber durchaus auch bei einem kurzzeitig fallenden Kurs, Gewinne generieren. Auch die Trendfolge- und Break-Out-Strategie lassen sich perfekt in ihren maximal 4-Stunden-Zeiteinheiten traden, erzielen aber durchaus schon höhere Gewinne.

Wichtig!
Die „richtigen" Daytrading-Strategien garantieren Ihren Erfolg beim Trading!

7.3 RISIKO-MANAGEMENT

Der Begriff Risiko-Management ist nicht nur im Daytrading bedeutsam. In nahezu allen großen Unternehmen dieser Welt gehört das Risiko-Management zu den Führungsaufgaben und es ist im Regelfall innerhalb der „Chefetage" angesiedelt.

Auch das Handeln mit Finanzprodukten war schon immer mit Risiken verbunden. Risiken, die Sie selbst nicht beeinflussen können, die Sie aber rechtzeitig erkennen sollten. Die zwei größten Risiken im Daytrading sind:

- **Das Marktpreisrisiko** = Ständige Veränderungen von Preis, Kurs und Zins.
- **Das Liquiditätsrisiko** = Traden mit einem Produkt mit wenig Angebot und Nachfrage erzeugt einen schlechten Kurs und kaum Chancen auf einen Gewinn.

Um diesen Risiken bereits im Vorfeld aus dem Weg zu gehen, sollten Sie sich vor jedem Trade mit möglichen Risiken beschäftigen. Unter Einhaltung einiger „Grundregeln" lässt sich das Risiko bei einem Trade aber eindeutig minimieren. Zu diesen „Grundregeln" gehören u. a.:

- Die Festlegung und Einhaltung einer Strategie.
- Die Analyse eines Kursverlaufes.

- Das rechtzeitige Erkennen von Problemen und Ihre Reaktion darauf.
- Nicht zu viele Trades auf einmal starten.
- Möglichst nur auf einem Handelsplatz traden.

> **Wichtig!**
> **Ihr Risiko-Management steht im direkten Verhältnis zum Money-Management.**

7.4 MONEY-MANAGEMENT

Im Gegensatz zum Risiko-Management, bei dem Sie kaum Einfluss ausüben können, bezieht sich das Money-Management direkt auf Ihren Geldbeutel und Ihre Bereitschaft, ...

... eine Summe „X" für einen Trade bereitzustellen.

... einzukalkulieren, dass Sie diese Summe „X" auch verlieren können.

> **Wichtig!**
> **Setzen Sie niemals Ihr ganzes Kapital komplett für einen einzigen Trade ein!**

Ein Risiko im Bereich Money gibt es allerdings, das von Ihnen nicht beeinflussbar ist:

Das Emittentenrisiko = Bei der Insolvenz eines Brokers greift zwar normalerweise die Einlagensicherung, doch meistens nicht in voller Schadenshöhe. Auch die Schadensauszahlung erfolgt verzögert. Bietet der Broker keine Einlagensicherung an, sollten Sie grundsätzlich Abstand von geschäftlichen Beziehungen nehmen.

7.5 TEILEN VON POSITIONEN

Theoretisch könnte dieser Punkt auch der Rubrik „Risiko-Management" zugeordnet werden. Es ist eine recht simple Möglichkeit, Risiken in einem gewissen Maß zu vermeiden.

Beispiel 1:
Sie kaufen vier Aktien für Ihr Trading, allerdings nicht in einem Paket, sondern vier Mal einzeln. Wenn Sie nun mit jeder Aktie den ***Break Even Point*** überschritten haben, können Sie theoretisch bei einer Aktie den Gewinn einstreichen und gleichzeitig verkaufen. Die restlichen drei Aktien lassen Sie im Kurs und beobachten die Kursentwicklung.

Beispiel 2:
Sie haben, wie im Beispiel 1 beschrieben, vier Aktien. Beim Überschreiten des ***Break Even Point*** verkaufen Sie die erste Aktie (inkl. Gewinnmitnahme) und setzen gleichzeitig für die restlichen drei Aktien jeweils einen Stop Loss (unterschiedliche Werte über dem Verkaufskurs der ersten Aktie!). Sie betreiben somit ab jetzt ein automatisiertes Trading.

Dabei stehen Ihnen wiederum zwei Möglichkeiten zur Verfügung:

a.) Durch die Einstellung des Stop Loss werden Sie auf jeden Fall Gewinne einstreichen, die über dem Gewinn der ersten Aktie liegen.

b.) Sollte sich der Kurs der Aktie besonders stark aufwärts entwickeln, können Sie den Stop Loss wieder schließen, manuell weiter traden und ggf. nach Ihrem Ermessen bei einem passenden Kursstand verkaufen.

Das Teilen Ihrer Positionen bietet aber noch einen weiteren Vorteil. Sie können für jede Position eine separate Strategie planen, im vorgestellten Beispiel also vier unterschiedliche Strategien. Gerade als Daytrading-Einsteiger ist dies die perfekte Situation, unterschiedliche Strategien zu testen.

7.6 OVERNIGHT-POSITIONEN – RISIKEN UND CHANCEN

Achtung!
Nur für erfahrene und risikoreiche Daytrader geeignet.

Wenn Sie „Overnight" lesen und das in Verbindung mit dem Daytrading bringen, werden Sie vermutlich Schwierigkeiten bekommen. Schließlich wurde bisher immer darauf hingewiesen, dass Daytrading sich nur in kleinen Zeiteinheiten abspielt und spätestens am Ende eines Handelstages alle Positionen geschlossen sind. Im Prinzip stimmt das auch! Doch mittlerweile finden immer mehr erfahrene Daytrader Gefallen daran, Positionen über Nacht offen zu halten und erst am Handelsstart des nächsten Morgens zu schließen oder sogar weiterlaufen zu lassen.

Was aber genau sind Overnight-Positionen? Sie sind nicht mit den bereits vorgestellten Gaps (Kurslücken) zu vergleichen, bei denen über den Tageswechsel vom Abend zum Morgen der Kurs geschlossen wird. Sollten Sie als Daytrader an diesem Produkt Interesse haben, müssten Sie eine neue Kauforder veranlassen. Bei Overnight-Positionen werden die Positionen über Nacht dagegen nicht geschlossen, sie werden sogar bewusst offengehalten. Warum aber werden Positionen bewusst offengehalten? Dafür gibt es zwei Gründe:

1. Der Kurs liegt im Minus und der Trader hofft, dass sich diese Situation im Laufe des Folgetages, maximal bis zum Schluss des aktuellen Handelstages, positiv verändert und sich damit der Verlust reduziert, optimalerweise sogar in einen (kleinen) Gewinn verändert.

2. Der Kurs liegt zum Abend bereits in der Gewinnzone. Der Trader spekuliert allerdings darauf, dass sich der kontinuierlich steigende Trend am Folgetag fortsetzt. Dadurch hofft er auf einen noch höheren Gewinn.

Durch diese, bezeichnen wir es einmal als Automatisierung, muss sich der Trader am Folgetag nicht explizit um diese Position direkt zur Eröffnung des neuen Handelstages kümmern.

7.7 BÖRSEN- UND FINANZNACHRICHTEN

Als Daytrader werden Sie vermutlich in der Zukunft Börsen- und Finanznachrichten mit anderen Augen betrachten. Schließlich können Sie wertvolle Informationen zu Finanzprodukten geben, aus denen Sie nützliche Hinweise gewinnen können, die ggf. Auswirkungen auf Ihr Trading haben. Die heutigen Medien, z. B. Internet und Nachrichtensender, berichten täglich über neueste Entwicklungen in der Wirtschafts- und Finanzwelt und liefern die neuesten Entwicklungen an den Börsen der Welt.

Nun sind Börsen- und Finanznachrichten nicht nur für Trader, sondern auch für Investoren wichtig. Doch nicht jede Nachricht ist für Sie als Daytrader besonders wichtig. Allerdings sollten Sie wichtige Nachrichten erkennen, verstehen und analysieren können, um diese in Ihr Trading einfließen zu lassen. Dafür sollten Sie aber erst einmal wissen, welche Börsen- und Finanznachrichten es eigentlich gibt und welche Themen betroffen sind.

Zu den häufigsten Themen in Börsen- und Finanznachrichten gehören u. a.:

➤ Daten aus der Wirtschaft

z. B. Arbeitsmarktdaten, Zinsentwicklung.

➤ Nachrichten aus Unternehmen

z. B. Umsätze, Investitionskosten, Quartals- und Jahresberichte.

➤ Meinungen von Analysten

z. B. Einschätzungen zu Kursentwicklungen, Statistiken, Preisniveaus.

➤ Berichte aus den Märkten

z. B. Wirtschaftliche Lage bestimmter Märkte, z. B. Devisenmärkte.

➤ Prognosen

z. B. Einschätzungen zur Kursentwicklung durch Finanzfachleute.

Welche Nachrichten nun für Sie als Daytrader besonders wichtig sind, ist in nachfolgender Grafik kurz dargestellt. Diese Darstellung und die daraus erkennbare Wichtigkeit ändert sich zwangsläufig, sollten Sie Ihr Trading einschneidend verändern, z. B. wenn Sie Ihre Trading-Aktivität vom Daytrader zum Langzeittrader (Investor) ändern.

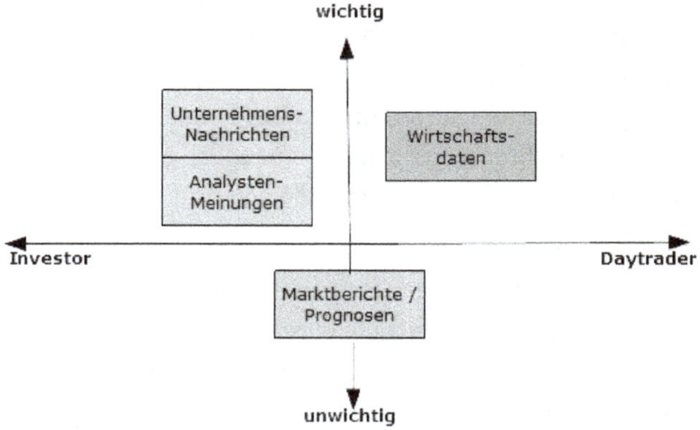

7.8 DAYTRADING-PSYCHOLOGIE

Die Psychologie ist ein entscheidender Faktor für Ihren Erfolg beim Daytrading. Wenn Sie richtig mit Ihren Gefühlen und Erwartungen umzugehen wissen und Ihre Emotionen während des Tradens kontrollieren können, wird Ihr persönlicher Erfolg das Ergebnis sein. Leider unterschätzen viele Einsteiger ins Daytrading diese Kraft der Emotionen. Schnell greift die Euphorie bei Gewinnen über und verführt zu einer gewissen Sorglosigkeit, die schnell in Gier umschwenken kann. Gier ist allerdings der schlechteste Partner für wirtschaftlichen Erfolg.

Doch welche Emotionen können beim Daytrading überhaupt auftreten? Welche häufig und welche weniger häufig? Und, ganz wichtig, wie schaffen Sie es, Ihre Emotionen unter Kontrolle zu halten?

Nachfolgend werden Ihnen einige Emotionen vorgestellt und Tipps gegeben, wie Sie damit umgehen sollten. Vorab aber ein kleines Schaubild aller Emotionen, mit denen Sie als Daytrader konfrontiert werden können.

7.8.1 Gier

Das Verlangen nach mehr ist grundsätzlich nicht zu bemängeln. Positiv betrachtet führt es dazu, dass man vorangetrieben wird, um neue Ziele zu erreichen.

Schlägt das Verlangen aber in Gier um, verliert man schnell den Überblick für das Ganze.

Beispiel:

1. Sie haben gerade einen erfolgreichen Trade mit 1 Aktie abgeschlossen. Aus 20,00 € wurden innerhalb von 2 Stunden 23,00 €.

Investition = 20,00 €, Gewinn = 3,00 € im laufenden Trade.

Sie haben Erfolg!

2. Die nächste Order erfolgt noch am gleichen Tag. Jetzt investieren Sie erneut, diesmal in insgesamt 3 Aktien zu jeweils 23,00 €, und siehe da, nach weiteren 2 Stunden hat auch dieser Kurs positiv abgeschlossen. Dieses Mal mit 26,00 € pro Aktie.

Investition = 23,00 €, Gewinn = 3,00 € im laufenden Trade.

Super! Es läuft! Sie haben noch einige Stunden bis zum Börsenschluss. Also noch einmal traden!

3. Die nächste Order erfolgt ebenfalls noch am gleichen Tag. Diesmal erwerben Sie 10 Aktien zu jeweils 26,00 €. Im Vertrauen, dass es wieder positiv ausgeht, übersehen Sie die negativen Anzeichen. Es kommt zum Crash. Die Aktie schließt mit einem Kurswert von 15,00 € ab.

Trade	Wert Aktie	Einsatz Aktien gesamt	Investition in € gesamt	Wert Einzelaktie nach Trade	Gewinn / Verlust pro Aktie	Gewinn / Verlust gesamt
1	20,00 €	1	20,00 €	23,00 €	+ 3,00 €	+ 3,00 €
2	23,00 €	3	69,00 €	26,00 €	+ 3,00 €	+ 9,00 €
3	26,00 €	10	260,00 €	11,00 €	- 15,00 €	- 150,00 €

Investition zu Beginn des Trades = 20,00 €, Gesamtverlust nach dem letzten Trade = - 150,00 €.

Sie sehen an diesem Beispiel, wie schnell man beim Daytrading Geld verlieren kann. Aus ursprünglich 20,00 € Investition wurde ein Minus von 150,00 €. Und was war der Auslöser dieses Verlustes? Die Gier nach einem schnellen Gewinn!

Dieses Ergebnis hätte positiver ausfallen können, wenn man zufrieden nach ...

... dem 1. Trade ausgestiegen wäre = 3,00 € Gewinn

... dem 2. Trade ausgestiegen wäre = erneut 3,00 € (Gesamt = 6,00 €) Gewinn.

Trade	Wert Aktie	Einsatz Aktien gesamt	Investition in € gesamt	Wert Einzelaktie nach Trade	Gewinn / Verlust pro Aktie	Gewinn / Verlust gesamt
1	20,00 €	1	20,00 €	23,00 €	+ 3,00 €	+ 3,00 €
2	23,00 €	1	23,00 €	26,00 €	+ 3,00 €	+ 3,00 €

Investition zu Beginn des Trades= 20,00 €, Gesamtgewinn nach dem letzten Trade = + 6,00 €.

Lernen Sie daher, Ihre aufkommende Gier unter Kontrolle zu halten. Erhöhen Sie Ihre Positionsgrößen während des Trades niemals und wenn, dann nur sehr behutsam.

Gier gehört zu den gefährlichsten Fehlern beim Daytrading! Aufgrund der kurzen Zeiteinheiten sind Verluste kaum auszugleichen!

7.8.2 Hochmut

Sicherlich ist Ihnen der folgende Spruch bekannt: „Hochmut kommt vor dem Fall!“. In diesem Spruch steckt eine Menge Wahrheit. Der Erfolg beim Traden fällt Ihnen in den Schoß, alles läuft *reibungslos*, nichts kann Sie aufhalten. Eine trügerische Situation, da Sie Ihre Selbsteinschätzung nicht mehr im Griff haben

(= Hochmut). Was aber ist, wenn urplötzlich ein unerwartetes Ereignis eintritt, das Ihren Erfolgskurs schlagartig beendet? Es wird Ihnen schwerfallen, umgehend mit den richtigen Maßnahmen gegenzusteuern. Sie waren schließlich noch nie in dieser Situation! Plötzlich verlassen Sie die Erfolgsspur (= Fall).

Verwandeln Sie daher Ihren Hochmut in Selbstvertrauen. Akzeptieren Sie die Tatsache, dass Ihnen Fehler unterlaufen können, stehen Sie dazu und lernen Sie daraus. Nutzen Sie die technischen Hilfsmittel (Charts, Trendanalyse usw.) und überwachen Sie Ihre Kursverläufe regelmäßig. Tauschen Sie sich ggf. mit anderen Daytradern aus, hören Sie sich deren Meinungen und Tipps an und testen Sie diese aus. Sie werden sehr schnell Erfahrungen sammeln und Erfolge haben, sodass alle Trades wieder *reibungslos* laufen.

7.8.3 Selbstvertrauen/Hoffnung/Angst

Hierbei handelt es sich um Emotionen, die sehr nahe beieinander liegen und sich wechselweise in eine positive bzw. negative Ausrichtung entwickeln können.

Sie haben die Hoffnung, dass sich alle Erkenntnisse, die Sie im Vorfeld eines Trades gewonnen haben, bewahrheiten und zu einem Erfolg führen werden. Sie haben aber gleichzeitig Angst davor, dass, wenn nicht alles nach Plan verläuft, der Trade zu einem Misserfolg führen wird. Angst überkommt einen aber nicht nur in einem einzelnen Trade. Vielmehr entwickelt sich die Angst bereits mit dem Beginn Ihrer Trading-Aktivitäten. Immerhin spekulieren Sie mit Ihrem Geld!

Angst ist aber relativ einfach zu beherrschen. Erstellen Sie im Vorfeld einen Trading-Plan, in dem Sie genau vermerken, was, wie und wann Sie handeln wollen. Besonders wichtig: Wie wollen Sie auf Probleme reagieren? Mit diesen Parametern erstellen Sie Ihren persönlichen Leitfaden für Ihr Daytrading, der dann zum „Gesetz" wird, an das Sie sich immer strikt halten werden. Weichen Sie nicht von diesem „Gesetz" ab! Schnell werden Sie merken, dass positive Begleiterscheinungen genauso professionell wie negative von Ihnen abgearbeitet werden.

Das ist der Schritt, zukünftig nicht mehr mit Hoffnung und Angst zu traden, sondern vielmehr mit einem ausgeprägten Selbstvertrauen.

7.8.4 Euphorie/Frust

Auch hier ist der Auslöser eines euphorischen Verhaltens stets die positive Entwicklung eines Kurses. Aber Vorsicht! Bleiben Sie ruhig und sachlich und überprüfen Sie Ihren Trading-Leitfaden. Stellen Sie sich folgende drei Fragen:

- Ist Ihr ursprüngliches Ziel erreicht?
- Ist der aktuelle Kurs der, mit dem Sie den Trade beenden wollten?
- Ist der Kurs in den letzten Zeiteinheiten exorbitant gestiegen?

Beantworten Sie alle Fragen mit einem „Ja", beenden Sie den Trade. Die Wahrscheinlichkeit, dass ein Kurseinbruch kurz bevorsteht, ist sehr groß. So könnte sich Ihre Euphorie schnell in Frustration verändern. Zu beidem sollte sich ein erfolgreicher Daytrader nicht verleiten lassen.

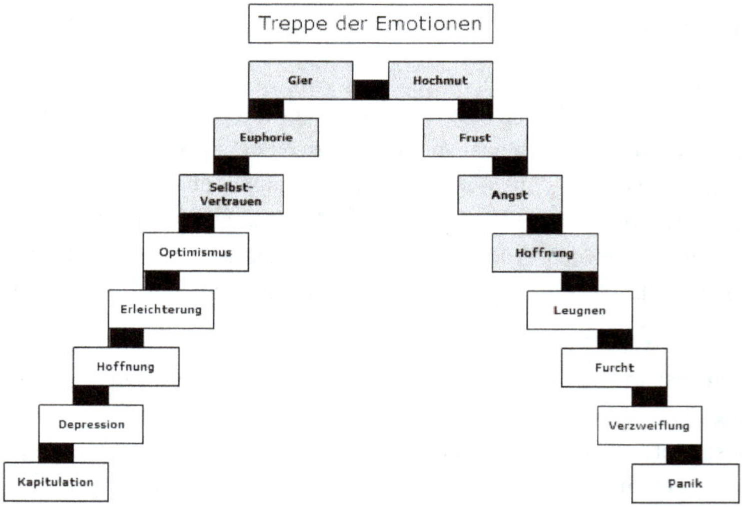

7.8.5 Gewinne/Verluste und der Umgang damit

Selbstverständlich werden Sie sich bei jedem Gewinn, auch wenn er vielleicht gering ausfällt, freuen. Genauso werden Sie sich bei jedem Verlust ärgern. Das gehört einfach zum Trading, insbesondere zum Daytrading, dazu. Trotzdem sollten diese emotionalen Situationen nicht dazu führen, dass Sie mit überzogenem Risiko oder mit übertriebener Vorsicht in den nächsten Trade starten. Jeden Gewinn, jeden Verlust sollten Sie genauestens hinterfragen, z. B.:

- Waren Ihre Entscheidungen während des Trades richtig?
- Hat die Ihre Trading-Strategie funktioniert?

Die Ergebnisse dieser Fragen sollen, besser gesagt müssen, Ihre Basis für zukünftige Trades sein. Niemals wird ein weiterer Trade Erfolg haben, wenn Sie der Meinung sind: Das war einmal erfolgreich, das wird auch ein weiteres Mal erfolgreich sein. Das gilt selbstverständlich auch für Misserfolge. Daytrading ist bei weitem kein Selbstläufer. Wenn Sie diesen Hinweis nicht ernst nehmen, wird es mit ziemlicher Sicherheit das Ende Ihres Tradings sein.

Gönnen Sie sich nicht nur bei Erfolgen etwas Gutes und machen Sie nach Misserfolgen eine kurze, schöpferische Pause, um neue Energie für den nächsten Trade aufzunehmen.

8 Zehn Regeln für ein erfolgreiches Daytrading

8.1 TRADING-PLAN ERSTELLEN

Ihre Entscheidung, zukünftig ein Teil Ihres Einkommens, vielleicht sogar Ihr komplettes Einkommen, mit Daytrading zu verdienen, sollte von Ihnen ähnlich einem Businessplan für unternehmerische Neugründungen betrachtet werden. Kaum jemand, der sich mit dem Handel von Finanzprodukten beschäftigen will, ist sich im Klaren darüber, wie es eigentlich umfassend funktioniert. Dass Sie eine Menge lernen müssen und nicht auf Glück hoffen können, wurde bereits mehrfach erwähnt und zieht sich wie ein roter Faden durch dieses Buch. Doch neben Lernen und Engagement ist Ihre persönliche Strategie ausschlaggebend. Damit wären wir wieder bei dem bereits erwähnten Businessplan, besser gesagt, Ihrem persönlichen Trading-Plan.

Was ist ein Trading-Plan? Was wird im Trading-Plan hinterlegt? Zwei Fragen, die nachfolgend aufgeklärt werden.

Was ist ein Trading-Plan?
Die Antwort zu dieser Frage wurde bereits kurz angeschnitten. Es ist der Businessplan, quasi das gesetzgebende Blatt für Ihre zukünftige Tätigkeit als Daytrader. Sie sollen zu jedem Zeitpunkt wissen, was zu tun ist, um Fehler zu vermeiden. Ihr Trading-Plan soll den Unterschied aufzeigen zwischen professionalem Trading und halsbrecherischem Glücksspiel.

Trotz des „technischen" Inhalts Ihres Trading-Plans sollte die Individualität allerdings nicht zu kurz kommen. Gerade diese Individualität unterscheidet dann doch Ihren Trading-Plan von einem klassischen Businessplan. Je strukturierter Sie Ihren Trading-Plan aufstellen, desto positiver wird er Ihr Traden beeinflussen.

Was wird im Trading-Plan hinterlegt?
Ihr Trading-Plan sollte u. a. wichtige Informationen zum Ablauf eines Tradings, eine Aufstellung der unterschiedlichen Handelszeiten an den Börsen, Informationen zu der Vielzahl von Finanzprodukten, aber auch Darstellungen zu Ihren persönlichen Zielen enthalten und, besonders wichtig, wie Sie sich motivieren wollen, um genau diese Ziele zu erreichen. Folgende Details sollten aber auf jeden Fall im Trading-Plan hinterlegt werden:

➢ Die Ziele, die Sie sich selbst gesetzt haben.

➢ Ihre Motivation.

➢ Welchen Zeitaufwand wollen Sie pro Tag aufwenden?

➢ Festlegung der Finanzprodukte, mit denen Sie traden wollen.

➢ Die Märkte und deren Öffnungszeiten, die von Ihnen bedient werden sollen.

➢ Ihre bevorzugten Zeiteinheiten für das Trading.

➢ Ihre wichtigsten Trading Regeln.

➢ Die Positionsgrößen (von-bis), in denen Sie traden wollen.

➢ Die Haltedauer der einzelnen Trades.

➢ Strategien, die Sie befolgen wollen, z. B.: Ein- und Ausstieg bei besonderen Situationen.

➢ Allgemeine, bereits erlernte Trading-Regeln.

➢ Die Höhe des verfügbaren Kapitals.

➢ Die detaillierte Höhe des eingesetzten Kapitals.

8.2 TRADING-TAGEBUCH FÜHREN

Siehe hierzu Kapitel 7.1. ff.

8.3 DER ERTRAG HAT IMMER VORRANG

Kein Daytrader wird ausschließlich Gewinne erzielen. Verluste gehören zum Traden einfach auch dazu. Während allerdings Gewinne den Daytrader erfreuen und (gefühlsmäßig) wenig Aufwand nach sich gezogen haben, lassen sich Verluste nur schwer wieder ausgleichen. Im Regelfall wird beim nächsten Trade mit etwas mehr Risiko (Verdoppelung des Geldeinsatzes) versucht, den Verlust wieder auszu–gleichen. Doch genau diese Situation kann sehr schnell dazu führen, dass sich Ihr Trader-Konto schneller leert, als es Ihnen lieb ist.

Im folgenden fiktiven Beispiel können Sie die Entwicklung eines Gesamtverlustes erkennen.

Trade	**1**	**2**	**3**	**4**	**5**	**6**	**7**	**8**
Einsatz (€)	100	200 *(100+100)*	400 *(200+200)*	800 *(400+400)*	*1.600 (800+800)*	3.200 *(1600+1600)*	6.400 *(3200+3200)*	12.800 *(6400+6400)*
Verlust Gesamt (€)	- 100	- 300	- 700	- 1.500	- 3.100	- 6.300	- 12.700	- 25.500

Erklärung der Tabelle:
Sie besitzen ein Gesamtkapital von 1.000 €, von dem Sie für den Trade 100,00 € einsetzen. Dieser Trade geht komplett in den Verlust, die eingesetzten 100,00 € sind verloren. Um dies wieder auszugleichen, investieren Sie beim 2. Trade die doppelte Summe des 1. Einsatzes, also 200,00 €. Auch dieser Trade endet mit einem Totalverlust. Jetzt gehen Sie aufs Ganze und investieren im 3. Trade erneut den doppelten Einsatz, diesmal 400,00 €. Erneut tritt ein Totalverlust ein. Um Ihrer Strategie treu zu bleiben, müssten Sie jetzt erneut die doppelte Summe (= 800,00 €) einsetzen. Von Ihrem ursprünglichen Startkapital von 1.000 € sind aber nur noch 300,00 € übriggeblieben. Jetzt greifen Sie zu Ihrem privaten Kapital und fahren bis zum 8. Trade nach dem gleichen Muster weiter. Das erschreckende Ergebnis ist ein Gesamtverlust in Höhe von 25.500,00 €.
Ihre Karriere als Daytrader dürfte bei diesem Ergebnis Geschichte sein!

8.4 DAS PARETO-PRINZIP

Bedenken Sie, dass gerade Ihr Start als Daytrader eher vom Lernen und Verstehen geprägt ist. Es macht also absolut keinen Sinn, bereits zu Anfang von morgens bis abends Trades zu eröffnen und zu schließen. Gehen Sie eher ruhiger an die Sache heran. Weniger Trades, manchmal kann es auch nur einer am Tag sein, werden Ihnen weitaus mehr Erfolg bringen. Wenden Sie die Erkenntnisse des Pareto-Prinzips an. Dieses Prinzip stammt aus dem Zeitmanagement und ist eine Methode, die besagt, dass man mit 20 % Aufwand einen Effekt von 80 % erreicht. Dieses Prinzip auf das Trading umgesetzt können Sie an folgendem Beispiel erkennen:

Bearbeitung von Trades pro Std.	Gesamttrades pro Tag (8 Stunden)	20 % erfolgreich (aufgerundet)	**80 % nicht erfolgreich (abgerundet)**
3	24	4,8 = 5	19,2 = **19**

Tipp!
Investieren Sie daher, insbesondere zu Beginn als Daytrader, Ihre Zeit und Ihren Aufwand lieber auf 5 erfolgreiche als auf 24 nicht erfolgreiche Trades pro Tag.

8.5 NICHT ZU VIELE HANDELSPLATTFORMEN GLEICHZEITIG NUTZEN

Diese Regel ist genau betrachtet die perfekte Ergänzung zum vorherigen Kapitel. Wenn Sie sich auf die bereits 20 % Trades konzentrieren, sollte im Umkehrschluss auch die Auswahl der Handelsplätze noch überschaubar sein. Konzentrieren Sie sich zu Beginn als Daytrader auf eine, maximale zwei Handelsplattformen und nutzen Sie diese, um neben dem Traden auch die Funktionsweisen zu erlernen. Erst wenn Sie sich absolut sicher fühlen, erweitern Sie die Anzahl der Handelsplätze. Das Ganze ist allerdings auch abhängig von der Art des Finanzproduktes, mit dem Sie traden wollen. Nicht an allen Börsen werden alle Finanzprodukte gehandelt.

8.6 AM ANFANG NUR AN LIQUIDEN MÄRKTEN HANDELN

Ein guter Hinweis, werden Sie jetzt vermutlich sagen. Wie kann man liquide Märkte erkennen. Es gibt dazu eindeutige Kriterien, die Sie bei gründlicher Recherche schnell ermitteln können. Die Liquidität eines Marktes lässt sich sehr eindeutig bestimmen:

1. Befindet sich das Handelsvolumen im Markt auf einem sehr hohen Level, ist die Liquidität des Marktes sehr groß.

2. Befindet sich das Handelsvolumen im Markt auf einem eher niedrigen Level, besteht vermutlich wenig Interesse bei den Tradern. Die Liquidität ist niedrig.

Ob eine große oder niedrige Liquidität vorliegt, können Sie im jeweiligen Orderbuch des Handelsplatzes erkennen.

8.7 NUR MIT FESTEN POSITIONSGRÖSSEN HANDELN

Kommen wir zu einer der wichtigsten Regeln für Daytrading-Neueinsteiger: Die Auswahl der Positionsgröße, mit der Sie traden wollen. Wie bereits erwähnt, sollen Sie mit dem Kapital beim Daytrading starten, das Sie ohne weitere Probleme (Schulden!) investieren können. Jetzt kommt es aber darauf an, wie viel Sie nun pro Trade einsetzen wollen. Bestimmen Sie Ihre Einsätze nach Ihrer Risikobereitschaft (siehe hierzu Anlage 7.3). Bedenken Sie aber: Daytrading ist zwar auf Kurzfristigkeit aufgebaut, Sie selbst aber planen doch in die Langfristigkeit. Beginnen Sie daher mit kleineren Positionsgrößen und behalten Sie diese für jeden Fall aufrecht, auch wenn Sie einen scheinbar gewinnbringenden Deal analysieren. Das Problem liegt in Ihrer Psyche. Wenn Sie erst einmal Ihre Positionsgrößen erweitern, vielleicht sogar Erfolg haben, werden Sie niemals wieder auf die kleineren Positionsgrößen zurückkommen. Einfach ausgedrückt: Sie werden Blut lecken! Genau diese Ausgangslage führt zu Leichtsinnigkeit, zur eigenen Überschätzung und möglicherweise auch zum Verlust Ihres Kapitals.

Beispiel:
Sie starten mit einer Kapitaldecke von 500,00 €. Sie analysieren Ihre Risikobereitschaft und legen pro Trade eine Investitionshöhe von 25,00 € fest. Gleichzeitig wollen Sie sich in Ihrer Anfangsphase auf lediglich zwei Trades pro Tag konzentrieren.

Woche 1/Tag	Anzahl Trades	Einsatz gesamt	Gewinn pro Tag	Verlust pro Tag
Montag	2	2 x 25 = 50,00 €	40,00 €	
Dienstag	2	2 x 25 = 50,00 €		- 10,00 €
Mittwoch	2	2 x 25 = 50,00 €	25,00 €	
Donnerstag	2	2 x 25 = 50,00 €	25,00 €	- 10,00 €
Freitag	2	2 x 25 = 50,00 €	35,00 €	
Woche 2/Tag	**Anzahl Trades**	**Einsatz gesamt**	**Gewinn gesamt**	**Verlust gesamt**
Montag	2	2 x 25 = 50,00 €		- 25,00 €
Dienstag	2	2 x 25 = 50,00 €	40,00 €	
Mittwoch	2	2 x 25 = 50,00 €	45,00 €	
Donnerstag	2	2 x 25 = 50,00 €		- 15,00 €
Freitag	2	2 x 25 = 50,00 €	50,00 €	
Summe			260,00 €	60,00 €

Nach Abschluss von zwei Wochen haben Sie einen Gewinn von 200,00 € (Gewinn = +260,00 €/Verlust -60,00 €) erzielt und Ihr verfügbares Kapital somit auf insgesamt 700,00 € erhöht. Die kommenden zwei Wochen könnten Sie jetzt, rein rechnerisch, Ihr Investment auf 35,00 € pro Trade erhöhen.

Natürlich ist dieses Beispiel rein theoretisch zu betrachten. Allerdings ist ein Punkt dann doch von Interesse = der Gesamtverlust von 60,00 €. Ohne die Gewinne hineinzurechnen, hätten Sie Ihr Anfangskapital bereits nach zwei Wochen um 12 % reduziert. Nicht daran zu denken, wenn Sie mit einem höheren Einsatz in die Trades eingestiegen wären.

8.8 DIE RICHTIGE HANDELSZEIT

Siehe hierzu Kapitel 2.4.

8.9 FEHLERANALYSE

Siehe hierzu Kapitel 7.1 ff.

8.10 REGELN FESTLEGEN

Sie haben bereits eine Menge über Strategien, Vorgaben und allgemein gültige Verfahrensregeln erfahren. Von besonderer Bedeutung sind aber Ihre individuellen Regeln. Diese sollten Sie sehr überlegt definieren, danach in Ihr Trading-Tagebuch (am besten auf der 1. Seite!) eintragen und sich diese vor jedem Trade und während eines Trades immer wieder vor Augen führen. Nachfolgend eine kleine Auswahl von Regeln, die allerdings nicht zwingend von Ihnen angenommen werden müssen:

- Daytrading ist kein Glückspiel!
- Daytrading-Plan strikt beachten!
- Während der ersten 10 Minuten nach Eröffnung nicht in den Trade eingreifen!
- Jeden Trade nach Abschluss noch einmal genau überprüfen!
- Setzen Sie grundsätzlich Stop Loss Orders und Limit Orders ein!

- Beherrschen Sie sich und werden Sie bei einem Trade nicht unruhig, auch wenn er sich negativ entwickeln sollte. Durch gesetzte Orders beherrschen Sie die Situation.
- Akzeptieren Sie Verluste, aber ...
- ... belohnen Sie sich bei Erfolgen.

9 Vor-/Nachteile beim Daytrading

Daytrading ist in den letzten Jahren immer beliebter geworden. Immer wieder wird in den Medien darauf hingewiesen, dass Daytrading **die** Möglichkeit ist, ein lukratives Einkommen zu erzielen, sich dadurch von der klassischen Rolle eines Arbeitnehmers lösen zu können und wirtschaftlich unabhängig zu werden. Doch für alles bestehen Vor- und Nachteile. Das ist auch beim Daytrading nicht anders und im Buch wurde auch schon, mal mehr, mal weniger, darauf hingewiesen. Im Folgenden eine Aufstellung in Kurzform über die wichtigsten Vor- und Nachteile.

9.1 VORTEILE BEIM DAYTRADING

- Daytrading kann mit geringem Kapital ausgeübt werden!
- Für Daytrading stehen eine große Auswahl an Finanzprodukten zur Verfügung!
- Beim Daytrading können aufgrund des Verhältnisses von Kapitaleinsatz und Handelszeit große Gewinne verzeichnet werden.
- Mit Daytrading können Trends sehr effektiv aufgrund der kurzen Handelszeit ausgenutzt werden!
- Für Daytrader fallen keine Finanzierungskosten, wie z. B. bei Trades, die über eine Nacht oder ein Wochenende laufen, an!
- Daytrading ist aufgrund seiner kurzen Handelszeiten äußerst spannend!
- Daytrader lernen in kurzen Abständen Neues und können sich dadurch schneller verbessern!
- Daytrader können sich in einer Vielzahl von Communitys beteiligen und so eine Vielzahl anderer Daytrader kennenlernen und Erfahrungen austauschen!
- Daytrading macht schlicht und ergreifend einfach SPASS!

9.2 NACHTEILE BEIM DAYTRADING

➢ Daytrading kann, wenn es nicht bedacht ausgeübt wird, zu großen Verlusten führen!

➢ Daytrader müssen ein umfassendes Hintergrundwissen besitzen und sich laufend fortbilden. Das geht nur über einen Zeitaufwand!

➢ Daytrader partizipieren lediglich von Kurs- und Währungsgewinnen!

➢ Gewinne über Dividenden sind beim Daytrading nicht zu erreichen!

➢ Freunde und Verwandte könnten Sie in Ihrer Tätigkeit als Daytrader als überheblich oder abgehoben betrachten!

➢ Daytrader benötigen eine hohe psychologische Belastbarkeit!

➢ Ausstehender Erfolg beim Daytrading kann schnell in Frust übergehen!

➢ Daytrading kann schnell zur Spielsucht ausarten!

Zum Schluss zwei besonders wichtige Tipps!
1. Wenn Sie Einsteiger im Daytrading sind, unterschätzen Sie nicht den enorm hohen Zeitaufwand des Lernens!

2. Aufgrund der hohen Gewinnerwartungen bieten immer häufiger unseriöse Broker ihre Dienstleistung mit nicht funktionierenden Strategien im Internet an. Prüfen Sie daher sehr gründlich entsprechende Angebote.

10 Börsenlexikon

In diesem Börsenlexikon finden Sie eine Vielzahl von Fachausdrücken rund um die Börse und das Trading. Es soll nicht nur Einsteigern das Grundlagenwissen erweitern, sondern auch den Profis den einen oder anderen Begriff noch einmal näher erläutern. Die Begriffe in diesem Lexikon sind alphabetisch sortiert und somit leicht auffindbar.

A

Abgeltungssteuer

Die Abgeltungssteuer regelt die Steuerlast für Kapitalerträge jeglicher Art, z. B. auf Gewinne aus dem Handel mit Finanzprodukten.

Alte Aktien (Gegenteil zu > Neuen Aktien <)

Ein Unternehmen platziert aufgrund einer Kapitalerhöhung eine neue Anzahl von Aktien. Diese Aktien werden als > Neue Aktien < bezeichnet. Die bereits vorhandenen Aktien bilden dagegen das Paket der > Alten Aktien <. Die Kurse beider Aktienpakete sind so lange unterschiedlich, bis sich die Dividendenberechtigung angeglichen hat. Dann gleicht sich der Kurs an!

Aktie

Eine Aktie ist eine sehr alte Form der Geldanlage und somit ein Wertpapier/Finanzprodukt. Mit einer Aktie erwirbt der Inhaber einen Anteil an einem börsenorientierten Unternehmen (Aktiengesellschaft) und erlangt dadurch das Recht auf Mitbestimmung und Gewinnbeteiligung.

Aktienanalyse

Eine Aktienanalyse soll Anlegern beim Erwerb von Aktien unterstützende Informationen geben, damit diese eine möglichst hohe Rendite erwirtschaften können. Aktienanalysen gibt es in verschiedenen Varianten, die sich in ihren Eckpunkten unterscheiden.

Aktienchart

Ein Aktienchart ist die grafische Darstellung eines zurückliegenden Aktienkurses.

Aktiengesellschaft

Unter einer Aktiengesellschaft versteht man die Gesellschaftsform eines Unternehmens, das durch die Ausgabe eines Wertpapiers (Aktie) deren Inhaber an Gewinn und Verlust beteiligt.

Aktiengewinn

Wenn zwischen dem Ankauf und dem Verkauf einer Aktie ein Wertanstieg (Gewinn) besteht, spricht man von einem Aktiengewinn.

Aktienkurs

Mit dem Aktienkurs wird der Preis bezeichnet, mit dem eine Aktie an der Börse gehandelt wird.

Aktionär

Inhaber von Wertpapieren (Aktien) einer Aktiengesellschaft.

Anleihen

Unter Anleihen versteht man Schuldverschreibungen, die mit einem festen Zins und einer vertraglich festgelegten Tilgung belegt sind. Sie werden bei der Finanzierung von langfristigen Krediten eingesetzt.

Außerbörslicher Handel

Bei einem außerbörslichen Handel erfolgen die Transaktionen nicht über eine Börse, sondern werden direkt zwischen zwei Vertragsparteien abgewickelt. Es besteht dabei allerdings keine Absicherung durch die Börsenaufsicht.

B

Backtesting

Mit Backtesting beschreibt man den Vorgang, eine Handelsstrategie mit realen Daten aus der Vergangenheit theoretisch umzusetzen, um abschätzen zu können, ob sie erfolgreich sein wird.

Bärenmarkt (Gegenteil zum Bullenmarkt)

Hierbei handelt es sich um eine Bezeichnung eines Handelsbereiches, in dem Kursverluste größer als -20 % gegenüber dem letzten Höchstpunkt aufgetreten sind.

Bestens (Gegenteil zu Billigst)

Hiermit wird eine Order für den Verkauf zum bestmöglichen Preis bezeichnet.

Billigst (Gegenteil zu Bestens)

Hiermit wird eine Ordner für den Verkauf zum günstigsten Preis bezeichnet.

Börse

Ein Marktplatz, an dem mit unterschiedlichsten Finanzprodukten getradet wird.

Börsenmakler

Eine Person, die beruflich an einem Handelsplatz (Börse) mit Finanzprodukten handelt.

Börsenpsychologie

Die Börsenpsychologie beschäftigt sich mit den Auswirkungen des Verhaltens und der Stimmung der Trader an einer Börse.

Branchenindex

Eine Kennzahl, die eine aktuelle Situation (Entwicklung) von Aktien einer bestimmten Branche misst.

Break Even Point

Hiermit wird eine Kostensituation beschrieben, bei der Kosten und Erlös gleich hoch sind. Es liegt noch kein Gewinn und auch kein Verlust vor.

Broker

Dieser Begriff bezeichnet heutzutage einen Finanzdienstleister (ehemals Börsenmakler), der seinen Kunden u. a. Wertpapiergeschäfte anbietet.

Brokerage

Mit Brokerage wird die Dienstleistung eines Brokers bezeichnet. Dafür werden von den Kunden eines Brokers Gebühren eingefordert.

Bullenmarkt (Gegenteil zum Bärenmarkt)

Hierbei handelt es sich um eine Bezeichnung eines Handelsbereiches, in dem sich Kursgewinne über einen längeren Zeitraum entwickelt haben.

Buy & Hold-Strategie

Hiermit wird das Traden mit einer langfristigen Zeiteinheit bezeichnet. Dadurch wird nicht auf einen kurzfristigen Gewinn spekuliert, sondern eher auf einen langfristigen Anstieg des Kurses.

C

CFD

Bei CFDs handelt es sich um Finanzprodukte, deren Wertentwicklung von der Entwicklung anderer Basiswerte abhängt.

Chart

Hierbei handelt es sich um eine grafische Darstellung von Datenreihen.

Common-Gaps

Hierbei handelt es sich um Lücken in einem Handelskurs, der im Regelfall zwischen einem Schlusskurs am Handelstag und einem Eröffnungskurs am folgenden Handelstag entstehen kann.

Cost Average Effekt (Durchschnittseffekt)

Diese Bezeichnung besagt nichts anderes, als dass Anleger Aktien zu einem Durchschnittspreis erwerben und dann für diesen Betrag mehr Anteile bei rückgängigen und weniger Anteile bei steigenden Kursen erhalten. Durch den Durchschnittspreis wird das Risiko unterbunden, bei zu hohen Kursen in den Handel einzusteigen und möglicherweise das komplett vorhandene Kapital einzusetzen.

Crash (Börsencrash)

Von einem Crash spricht man, wenn viele Anleger ihre Produkte zur gleichen Zeit verkaufen, dem gegenüber aber keine Käufer stehen. Das Ergebnis sind fallende Kurse innerhalb kürzester Zeit. Zusätzlich verstärkt wird dieser Effekt durch Panikverkäufe weiterer Anleger.

D

DAX

Kurzbezeichnung für > Deutscher Aktienindex <. Beim DAX handelt es sich um den Leitindex (= wichtigster Index eines Landes oder Gebietes) der Deutschen Börse. In ihm sind die Aktien der 30 größten börsenorientierten Unternehmen zusammengefasst, die an der Frankfurter Börse gehandelt werden. Der DAX spiegelt die aktuellen wirtschaftlichen Verhältnisse in Deutschland wider.

Daytrader

Daytrader kaufen und verkaufen Finanzprodukte innerhalb kurzer Zeiträume, maximal innerhalb von 24 Stunden.

Daytrading

Unter Daytrading versteht man den kurzfristigen, maximal tagesaktuellen Handel mit Wertpapieren.

Depot

Der Ausdruck Depot stammt noch aus der Zeit, als Wertpapiere in Papierform besonders gesichert gelagert werden mussten, z. B. im Schließfach, Tresor usw. Heute, im Zeitalter der digitalen Verwaltung, wird auch im Wertpapierhandel das körperliche Schließfach digital verwaltet. Der Ausdruck > Depot < blieb aber erhalten.

Derivate
Derivate sind Finanzprodukte, deren Wert vom Basiswert eines anderen Finanzproduktes abhängt.

Devisenmarkt
An einem Devisenmarkt werden ausschließlich Währungen (Devisen) angeboten und gehandelt. Trader an einem Devisenmarkt können u. a. sein: Banken, Kapitalgesellschaften, Wirtschaftsunternehmen und Privatkunden.

Dividende
Eine Dividende ist die Auszahlung eines Anteils am Gewinn eines Unternehmens. Die Höhe der Auszahlung richtet sich dabei nach der Anzahl der gehaltenen Aktien.

Dividendenstrategie
Die Dividendenstrategie zählt zu den ältesten, aber auch zu den einfachsten Strategien im Börsenhandel. Die Grundidee liegt darin, aus einem Börsenindex 10 Aktienwerte mit der höchsten Rendite zu bestimmen und für ein komplettes Jahr in einem Depot ohne Zu- bzw. Verkäufe zu halten. Nach Ablauf des Jahres lässt man sich die Dividende der einzelnen Aktien auszahlen, überprüft aber gleichzeitig, ob die bisherigen Werte noch zu den Top 10 gehören. Falls nicht, werden Sie ausgetauscht.

Drag & Drop
Eine Funktion in der Chartbearbeitung, mit der man Elemente mit gedrückter Maustaste verschieben kann. Drag = Ziehen, Drop = Ablegen.

Dow Jones
Der wichtigste Aktienindex der USA, vergleichbar mit dem DAX.

E

ETF
ETFs sind Aktienfonds, die insbesondere für Trading-Einsteiger geeignet sind. ETFs können ohne Beauftragung eines Brokers direkt gehandelt werden, wodurch die teilweise hohen Gebühren eingespart werden können.

F

Frankfurter Börse
Größter Börsenstandort in Deutschland.

Freistellungsauftrag

Durch einen Freistellungsauftrag kann ein Trader seinen Broker direkt anweisen, bei Erträgen die fällige Kapitalertragssteuer nicht abzuführen, solange diese Erträge im persönlichen Freibetrag liegen. Eine Rückforderung bei der jährlichen Steuermeldung entfällt dadurch. Bei Überschreitung des Freibetrages wird dagegen die Kapitalertragssteuer sofort abgezogen.

Fonds

In einem Fonds befindet sich ein Bündel von Finanzprodukten unterschiedlicher Unternehmen. Durch diese Bündelung werden Verluste besser ausgeglichen.

Forex

Andere Bezeichnung für: Siehe Erklärung > Devisenmarkt <.

Fundamentalanalyse

Hierbei handelt es sich um eine Analyseform, die sich auf reale Werte eines Unternehmens bezieht. Im Vergleich zu dem aktuellen Börsenwert lässt sich ein Rückschluss ziehen, ob der Kauf dieser Aktien einen Gewinn verspricht oder eher ein Verlust zu erwarten ist.

Futures

Hierbei handelt es sich um Termingeschäfte, bei dem der Verkäufer dem Käufer über eine vertragliche Form vorab den Preis und den Zeitpunkt des Handels zusichert. Der Käufer ist dann verpflichtet, das Produkt zum festen Termin abzunehmen, gleich, ob der aktuelle Preis jetzt niedriger liegt.

G

Geldmarktfonds

Dieser Fond gehört zu der Gruppe von Investmentfonds, allerdings ausgerichtet auf Devisen.

Genussscheine

Dieses Finanzprodukt ist eine Mischung aus eigenem Kapital (Unternehmen) und fremdem Kapital (Anleihen). Wie bei einer Aktie hat der Geldgeber einer Anleihe das Anrecht auf eine jährliche Zinszahlung. Garantiert wird diese Zahlung aber nicht.

Gesamtmarkt

Mit diesem Ausdruck bezeichnet man nichts anderes als ein Börsenbarometer, das den aktuellen Stand einer Börse darstellt.

H

Handelsvolumen

Unter dem Handelsvolumen versteht man die Summe der gehandelten Finanzprodukte und deren Gesamtwert.

Hebel

Der Begriff Hebel kommt immer dann zum Tragen, wenn mehr Handelsvolumen getradet werden kann, als verfügbares Eigenkapital vorhanden ist. Durch ein ausgefeiltes Vorgehen leiht sich der Broker Geld, um es anschließend an die Trader weiter zu verleihen. Der Trader hat dabei mehr Finanzmittel zur Verfügung und kann größere Positionen traden. Durch Zinsunterschiede, die im Laufe des Trades entstehen, entsteht für den Broker ein zusätzlicher Gewinn.

Hedgefonds

Hedgefonds sind die Alternative zum „normalen" Börsenhandel. Durch einen Hedgefonds wird Kapital von einem bestimmten Personenkreis eingesammelt und anschließend in Investmentfonds investiert. Dies muss nicht unbedingt über einen Börsenhandel erfolgen! Bei diesem Personenkreis handelt es sich im Regelfall um betuchte Personen, die ohne weiteres eine Einlage in Höhe von mindestens 500,000,00 € leisten können.

I

Index

Siehe DAX.

Indikator

Eine mathematische Formel, die auf Wahrscheinlichkeiten basiert und zur Analyse eines Charts eingesetzt wird. Ergebnisse daraus können einem Trader einen Einstieg in einen Kurs empfehlen.

Inhaberaktie (Gegenteil zu Namensaktie)

Hierbei handelt es sich um eine besondere Form einer Aktie, bei der die Aktionäre der Aktiengesellschaft nicht bekannt sind. Dadurch können Aktien dieser Form ohne Information an das Unternehmen weitergegeben werden.

Immobilienfonds

Hierbei handelt es sich um einen Investmentfonds, der ausschließlich in Immobilien investieren kann.

IPO (Initial Public Offering)

IPO bezeichnet die Zulassung eines Unternehmens an der Börse.

J

Joint Venture

Hierbei handelt es sich um eine Zusammenarbeit von zwei oder mehreren Unternehmen, häufig aus unterschiedlichen Ländern.

K

Kauforder

Der Auftrag an einen Broker, ein gewünschtes Finanzprodukt an der Börse zu erwerben.

KGV

Eine Kennzahl zur Bewertung einer Aktie. Hiermit wird der aktuelle Kurs in Bezug zum Gewinn gebracht und mit einer Kennzahl kenntlich gemacht.

L

Leerverkauf

Von einem Leerverkauf spricht man, wenn ein Anleger Finanzprodukte verkauft, die sich zu diesem Zeitpunkt, also aktuell, noch gar nicht in seinem Besitz befinden. Der Anleger spekuliert dabei mit fallenden Kursen. Beispiel: Verkauf zu 100,00 € pro Aktie, Ankauf zum aktuellen Kurs von 50,00 €.

Limit Order (Gegenteil zu Stop Order)

Mit dieser Order (Auftrag) können Sie zwei feste Preise festlegen.

1. Einen Mindestpreis, zu dem Sie verkaufen wollen.
2. Einen Höchstpreis, zu dem Sie kaufen würden.

Liquidität

Unter Liquidität versteht man Finanzmittel, die sofort zur Verfügung stehen, mit denen Verbindlichkeiten beglichen bzw. innerhalb kürzester Zeit in eine Währung verwandelt werden können.

Long (Gegenteil zu Short)

Dieser Begriff bedeutet an der Börse, dass ein Finanzprodukt gekauft wurde und jetzt auf einen Kursanstieg gehofft wird.

M

Marktliquidität

Liquidität bezieht sich auf den Grad, bis zu dem, bei einem stabilen Kurs, ein Finanzwert gehandelt werden kann. Auf den Markt bezogen ist das entscheidende Kriterium die Anzahl der Käufer.

Musterdepot

Hierbei handelt es sich um ein „Spieldepot", in dem fiktiv Finanzprodukte gekauft bzw. verkauft werden und dabei Entscheidungen geübt werden, um Verluste zu vermeiden und Gewinne zu generieren.

N

Namensaktie (Gegenteil zu Inhaberaktie)

Hierbei handelt es sich um eine besondere Form einer Aktie, bei der die Aktionäre der Aktiengesellschaft namentlich bekannt sind. Eine Weitergabe dieser Aktie kann nur durch Eintragung des neuen Inhabers im Aktienregister des Unternehmens erfolgen.

Nennwertaktien

Nennwertaktien sind mit einem festgelegten Nennwert gekennzeichnet. Damit wird ein Anteil am Kapital des Unternehmens festgelegt.

Neue Aktien (Gegenteil zu > Alten Aktien <)

O

Open Source

Mit diesem Begriff bezeichnet man Software, deren Quelltext öffentlich eingesehen, auf eigene Bedürfnisse verändert und genutzt werden kann.

Optionen

Bei Optionen sichert sich ein Käufer das Recht, ein Finanzprodukt zu einem festen Basiswert zu erwerben. Wichtig: Er sichert sich nur das Recht. Er ist nicht verpflichtet, den Kauf auch physisch abzuwickeln.

P

Performance

Mit dem Begriff Performance (Leistung) bezeichnet man die Entwicklung und das Ergebnis, das ein Finanzprodukt erreicht hat, insbesondere die kurzfristige Entwicklung eines Kurses. Dabei kann eine positive, aber auch eine negative Entwicklung beschrieben werden.

Q

Quartalsdividende

Eine veränderte Form der Gewinnauszahlung. Anstatt jährlich erfolgt diese vierteljährlich.

R

Ratingagenturen

Besondere Finanzdienstleister, die u. a. Unternehmen, Staaten oder Finanzprodukte analysieren und eine Bonität nach einer festgelegten Skala bewerten.

Rendite

Mit Rendite wird das Verhältnis zwischen dem Kapitaleinsatz und dem erzielten Gewinn bezeichnet.

Rentenfonds

Diese Art eines Investmentfonds investiert ausschließlich in Wertpapiere, die garantiert und vor allem regelmäßig Zinsen auszahlen. Diese Wertpapiere werden als „Rente" bezeichnet.

Risk & Money Management

Ein methodisches Vorgehen mit dem Ziel, den Kapitaleinsatz beim Traden und das damit verbundene Verlustrisiko zu minimieren.

S

Slippage

Mit Slippage wird eine Situation im Trading bezeichnet, die nicht zeitaktuell abläuft und dadurch zu einer wertmäßigen Differenz führt. Beispiel:

1. Sie erteilen Ihrem Broker die Order, bei einem Wert von 100,00 € aus einem Kurs auszusteigen.
2. Die Order wird vom Broker zwar ausgeführt, allerdings mit einem kleinen Zeitversatz. Dadurch hat sich der Kurs zwischenzeitlich auf 99,00 € verändert.

Social Trading

Hiermit wird der Austausch von Informationen über einen Handelsmarkt/eine Börse zwischen privaten Anlegern bezeichnet.

Stop Buy

Hiermit wird ein Auftrag bezeichnet, der nur für den Kauf einer bestimmten Aktie ausgesprochen wird, wenn diese einen bestimmten Punkt in der Zukunft erreicht.

Stop Loss

Unter einem Stop Loss versteht man eine Order, die automatisch einen Handel schließt, wenn ein im Vorfeld definierter Ausstiegspunkt im Kursverlauf erreicht wird. Das kann sowohl für einen positiven als auch für einen negativen Kursverlauf gelten. So verhindern Sie einerseits einen Kursverlust, begrenzen aber andererseits auch Ihren Gewinn.

Stop Order (Gegenteil zu Limit Order)

Mit dieser Order (Auftrag) können Sie zwei feste Preise festlegen, um mit einem niedrigeren Preis als der aktuelle Marktpreis zu kaufen oder aber auch zu verkaufen.

T

Take Profit Order

Mit dieser Order wird verhindert, dass einmal erworbene Gewinne in der Folgezeit eines laufenden Handels wieder verloren gehen. Erreicht der Kursverlauf eine bestimmte Kapitalhöhe, wird ein automatischer Verkauf ausgelöst und dadurch der Gewinn eingestrichen.

TER (Total Expense Ratio)

TER ermittelt die Kostenquote aller anfallenden Gebühren eines Fonds im Laufe eines Geschäftsjahres und setzt diese Kosten mit dem Fondsvermögen ins Verhältnis.

Trading-Indikator

Ein Trading-Indikator ist ein mathematisches Hilfsmittel für die Analyse eines Finanzproduktes. Damit soll sich der zukünftige Kursverlauf dieses Finanzproduktes, nach einer Wahrscheinlichkeitstheorie, besser einschätzen lassen.

Trading

Der englische Ausdruck für handeln (an einer Börse).

Trend

Unter einem Trend versteht man eine grafische Darstellung einer Richtung. Im Börsenhandel wird mit einem Trend die Entwicklung eines Kurses dargestellt.

U

Underperformer

Ein Bewertungskriterium, das von Börsenfachleuten erstellt wird und aussagen soll, dass der Kurs einer Aktie schlechter ausfallen wird als die Entwicklung des Branchenindex (siehe unter B).

V

Volatilität

Mit dem Begriff Volatilität wird bei Finanzprodukten die Anfälligkeit von Kursschwankungen beschrieben. Ermittelt wird die Volatilität über die Kursentwicklung über einen Zeitraum von mindestens 12 Monaten.

W

Wall Street

Das Zentrum des Finanzbezirkes in New York und gleichzeitig das Synonym für die amerikanische Finanzwelt.

X

Xetra

Ein elektronischer Handelsplatz der Wertpapier-Börse in Frankfurt.

Y

Yield

Der englische Ausdruck für Rendite.

Z

Zertifikat

Eine Bescheinigung über den Besitz von Wertpapieren bei einer Investmentgesellschaft.

11 Quellenverzeichnis

https: //www.day-trading.de
https: //www.admiralmarkets.com
https: //www.kagels-trading.de
https: //www.tradingfreaks.com

Eigene Kenntnisse

12. Haftungsausschluss

Die Umsetzung aller Informationen, Anleitungen, Strategien und Tipps aus diesem Buch erfolgen auf eigenes Risiko. Der Autor übernimmt für mögliche Schäden jeglicher Art, die durch die Nutzung der Informationen verursacht werden, keine Haftung. Dies gilt auch für Schäden, die ggf. durch unvollständige Informationen verursacht werden. Der Autor bestätigt, dass der Inhalt dieses Buches nach bestem Wissen und Gewissen niedergeschrieben wurde. Des Weiteren übernimmt der Autor keine Gewähr für die Aktualität, Qualität, Falschinformationen bzw. Vollständigkeit der Informationen, Anleitungen, Strategien und Tipps.

Auch können Druckfehler nicht ausgeschlossen werden. Hierfür wird durch den Autor keine Haftung jeglicher Form und keine juristische Verantwortung übernommen.

Wir danken Ihnen für Ihr Interesse und Ihr Vertrauen. Als Dankeschön dafür, haben wir eine besondere Überraschung. Wir haben einen **ultimativen Leitfaden für Einsteiger ins Aktien- und Börsengeschäft** für Sie. Und dieses erhalten Sie vollkommen kostenlos. Das klingt wunderbar? Dann warten Sie nicht lange und holen Sie sich Ihr Gratis-Geschenk.

Hier geht es zu Ihrem Gratis-Geschenk:

https://forms.gle/gduy3doWN5ejuaub9

1. **Öffnen Sie die Kamera-App auf Ihrem Smartphone und richten Sie die Kamera auf den QR-Code.**
2. **Klicken Sie auf den Link, der Ihnen angezeigt wird und schon werden Sie zur Website weitergeleitet.**

Impressum

Verlag: Orbita Media Verlag GmbH & Co. KG / Ericusspitze 4 / 20457 Hamburg / Deutschland
Website: https://orbita-media.de
Cover Image: Shutterstock
ISBN: 9783989358560

Haftungsausschluss:
Die Nutzung dieses Buches und die Umsetzung der enthaltenen Informationen, Anleitungen und Strategien erfolgt auf eigenes Risiko. Der Autor kann für etwaige Schäden jeglicher Art aus keinem Rechtsgrund eine Haftung übernehmen. Haftungsansprüche gegen den Autor für Schäden materieller oder ideeller Art, die durch die Nutzung oder Nichtnutzung der Informationen bzw. durch die Nutzung fehlerhafter und/oder unvollständiger Informationen verursacht wurden, sind grundsätzlich ausgeschlossen. Rechts- und Schadenersatzansprüche sind daher ausgeschlossen. Dieses Werk wurde sorgfältig erarbeitet und niedergeschrieben. Der Autor übernimmt jedoch keinerlei Gewähr für die Aktualität, Vollständigkeit und Qualität der Informationen. Druckfehler und Falschinformationen können nicht vollständig ausgeschlossen werden. Es kann keine juristische Verantwortung sowie Haftung in irgendeiner Form für fehlerhafte Angaben vom Autor übernommen werden.

Die bereitgestellten Analysen, Vorschläge, Ideen, Meinungen, Kommentare und Texte sind ausschließlich zur Information bestimmt und können ein individuelles Beratungsgespräch nicht ersetzen. Alle Informationen dieses Buches entsprechen dem Kenntnisstand zum Zeitpunkt des Verfassens dieses Buches. Eine Haftung für mittelbare und unmittelbare Folgen aus den Informationen dieses Buches ist somit ausgeschlossen. Informieren Sie sich weitläufig aus unterschiedlichen Quellen und bedenken Sie, dass am Ende nur Sie für die Entscheidungen verantwortlich sind.

Haftung für externe Links
Unser Angebot enthält Links zu externen Websites Dritter, auf deren Inhalte wir keinen Einfluss haben. Deshalb können wir für diese fremden Inhalte auch keine Gewähr übernehmen. Für die Inhalte der verlinkten Seiten ist stets der jeweilige Anbieter oder Betreiber der Seiten verantwortlich. Die verlinkten Seiten wurden zum Zeitpunkt der Verlinkung auf mögliche Rechtsverstöße überprüft. Rechtswidrige Inhalte waren zum Zeitpunkt der Verlinkung nicht erkennbar.

www.ingramcontent.com/pod-product-compliance
Lightning Source LLC
LaVergne TN
LVHW010056061026
849532LV00007BA/2432